EL HOLOCAUSTO

UNA GUÍA ILUSTRADA

HAIM BRESHEETH, STUART HOOD
LITZA JANSZ

EL HOLOCAUSTO
UNA GUÍA ILUSTRADA

Traducción de Lucas Álvarez Canga

Título original: *Introducing The Holocaust: A Graphic Guide*

Diseño de cubierta:
Carlos Lasarte

© Icon Books Ltd., 2013
© Del texto (Haim Bresheeth y Stuart Hood), ICON BOOKS LTD., 2013
© De las ilustraciones (Litza Jansz), ICON BOOKS LTD., 2013
© De la traducción, Lucas Álvarez Canga, 2023
© De la edición española, EDITORIAL TECNOS
(GRUPO ANAYA, S. A.), 2023
C/ Valentín Beato, 21 - 28037 Madrid

PAPEL DE FIBRA
CERTIFICADA

ISBN: 978-84-309-8916-4
Depósito Legal: M-19669-2023

Printed in Spain

Índice

El Holocausto es la denominación que damos al intento nazi por destruir a los judíos europeos. Fue parte de una enorme operación de genocidio que causó las siguientes muertes entre 1939 y 1945:

Judíos	Entre 5 y 6 millones
Prisioneros de guerra soviéticos	Más de 3 millones
Civiles soviéticos	2 millones
Civiles polacos	Más de 1 millón
Civiles yugoslavos	Más de 1 millón
Hombres, mujeres y niños con disfunciones mentales y físicas	70.000
Gitanos	Más de 200.000
Prisioneros políticos	Desconocido
Combatientes de la resistencia	Desconocido
Deportados	Desconocido
Homosexuales	Desconocido

שואה

En hebreo, al Holocausto se le llama **Shoah**: un viento fuerte y terrible.

«Holocausto» proviene del griego. **Holos** significa «completo» y caustos significa «quemado» (como en cáustico). Originalmente, significaba un sacrificio consumido por el fuego: una ofrenda quemada. Llegó a significar «un sacrificio a gran escala» y, a finales del siglo XVII, «la destrucción completa de un gran número de personas: una gran matanza o masacre».

El Holocausto es un ejemplo de genocidio. El término «genocidio», que significa literalmente «la aniquilación de una raza», fue usado por primera vez en 1944.

La Convención de las Naciones Unidas de 1948 define el crimen del genocidio como «actos cometidos para destruir por completo o en parte un grupo nacional, étnico, racial o religioso como tal».

Ha habido muchos casos de genocidio en la historia. Los conquistadores españoles masacraron a los nativos americanos: pueblos enteros como los kalinago desaparecieron. A continuación, siguiendo con la colonización de Norteamérica, los nativos americanos fueron masacrados por el ejército o los colonos.

En tiempos modernos ha habido numerosos genocidios. He aquí algunos de ellos:

1904-1905	la aniquilación del pueblo Herero en África del Sudoeste por los colonos y el ejército alemán
1915-1916	la masacre turca de un millón de armenios
1965-1966	hasta un millón de comunistas y sus familias masacradas por el ejército indonesio
1972	entre 1 y 3 millones de bengalíes masacrados por el ejército pakistaní
1972	entre 100.000 y 150.000 Hutus masacrados por la tribu gobernante Tutsi en Burundi, África Occidental
1975-1979	hasta 2 millones de camboyanos asesinados por los Jemeres Rojos en Kampuchea
1975 hasta el presente	se estima que 200.000 isleños que deseaban ser independientes fueron masacrados por el ejército indonesio en Timor Oriental.
	La destrucción continua de los indios de la selva tropical brasileña.
	La «limpieza étnica» en la anterior Yugoslavia

Shoah (el Holocausto) fue un caso de genocidio. Los nazis pretendían que fuera la «solución final» de lo que consideraban como «el problema judío». El objetivo declarado de los nazis era hacer que los territorios bajo su control fueran *Judenrein*: estuvieran limpios de judíos. Era, por lo tanto, un caso extremo de «limpieza racial».

Su base ideológica era el **antisemitismo**.

El antisemitismo

La palabra «antisemitismo» fue inventada en 1879 por un racista alemán llamado Wilhelm Marr (1818=1904).

Pero el antisemitismo como fenómeno tenía varios cientos de años de antigüedad. Hundía sus raíces en la religión.

ASESINOS DEL SEÑOR

REBELDES Y DESERTORES DE DIOS

COMPAÑEROS DEL DEMONIO. PEORES QUE LOS CERDOS EN SU LASCIVIA GROSERA Y GLOTONERÍA.

La «culpa» de los judíos

En la Edad Media era una parte no cuestionada de la doctrina cristiana que los judíos eran culpables de la muerte de Cristo.

Eran, por lo tanto, susceptibles de ser masacrados en tiempos de fervor cristiano.

En 1096 los ejércitos de la Primera Cruzada partieron de Europa Occidental con el objeto de rescatar los lugares sagrados de la cristiandad de sus conquistadores árabes.

A medida que pasaban, asesinaban a los judíos en las ciudades de Francia y Alemania.

Antisemitismo protestante

La Iglesia protestante heredó el antisemitismo de los católicos. Martín Lutero, el gran reformador, denunció a los judíos como «el pueblo del demonio», como «mentirosos perros de presa» y «pueblo sangriento y vengativo».

Estamos en falta al no asesinarlos. Prender fuego a sus sinagogas y escuelas y enterrar o cubrir con basura cualquier cosa que no arda... esto es lo que debe hacerse en honor de nuestro Señor y de la cristiandad, para que Dios pueda ver que somos cristianos.

Las comunidades tienden a definir algún grupo o su representante como «el Otro». «El Otro» es una figura sobre quien se proyectan los miedos y agresiones. Esto ocurre particularmente en el tiempo en que la comunidad se ve amenazada económica, física o culturalmente.

«El Otro» normalmente es diferente de algunas formas muy obvias: color de la piel, cultura, vestido o cocina y «raza» o nacionalidad.

En la Europa cristiana medieval la diferencia se concentró sobre los judíos. Se les exigió vivir en guetos segregados. Se decía que tenían un olor especial (**foetor Judaicus**) al igual que otros inmigrantes actuales son acusados de tener un «mal olor». En Europa, a lo largo de siglos, el judío ha sido «el Otro»; diferente; apartado; por cultura, por religión, por los rituales; por el vestido (en algunos casos eran obligados a llevar insignias o túnicas específicas), y por el idioma. Muchos judíos han mantenido sus diferencias (como es su derecho) de forma muy tenaz.

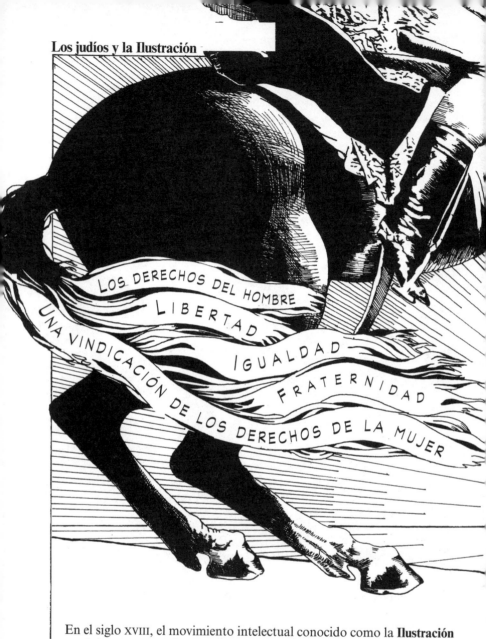

LOS DERECHOS DEL HOMBRE

LIBERTAD

IGUALDAD

FRATERNIDAD

UNA VINDICACIÓN DE LOS DERECHOS DE LA MUJER

En el siglo XVIII, el movimiento intelectual conocido como la **Ilustración** produjo un cuerpo de pensamiento que condujo hasta la Revolución francesa. Creía en la igualdad independientemente de la raza.

Estaba en contra de la superstición. Todas las religiones, incluyendo el cristianismo y el judaísmo, eran consideradas con el mismo escepticismo. Lo importante era el entendimiento humano y la tolerancia.

A medida que los ejércitos de Napoleón se desplazaban para conquistar Europa, los judíos se emancipaban por todas partes.

Como resultado de la Ilustración, el siglo XIX fue un período de asimilación cuando los judíos fueron aceptados en la sociedad gentil.
(N.T.: esto es, no judía).
DESTACAMOS COMO PROFESIONALES Y FUIMOS ACTIVOS EN LA INDUSTRIA Y EL COMERCIO.
DIMOS LO MEJOR EN EL ARTE, LA MÚSICA, LA LITERATURA Y LA CIENCIA.

Pero el éxito de los judíos en estos campos diversos condujo a la envidia y a la crítica. Los emprendedores judíos eran vistos como «hombres nuevos» que explotaban a la familia judía y las relaciones sociales (que se extendían más allá de las fronteras) para llevar a cabo sus negocios de forma solapada y desleal.

LOS JUDÍOS SE HABÍAN CONVERTIDO EN UN PUEBLO BURGUÉS MIENTRAS CONTINUABAN ESTANDO EN GUETOS: Y SALIERON DE ELLOS SOLO PARA ENTRAR EN UNA COMPETICIÓN FEROZ CON LAS CLASES MEDIAS.

THEODOR HERZL (1860-1904), EL FUNDADOR DEL SIONISMO.

Al mismo tiempo, los judíos cada vez se asociaron más con el liberalismo, el radicalismo, el socialismo y el comunismo.

En círculos antisemitas cuajó la idea de que para acabar con los judíos habría que acabar de un plumazo con el capitalismo *y* el socialismo.

Antisemitismo «científico»

En 1835, Joseph-Arthur Gobineau (1816-1882), un diplomático francés, publicó un influyente *Ensayo sobre la desigualdad de las razas humanas*.

CREO QUE LA RAZA ARIA (LOS EUROPEOS BLANCOS DE TIPO NÓRDICO RUBIO) SON UNA RAZA SUPERIOR.

Los judíos eran semitas y no arios. Por lo tanto, constituían un elemento «oriental» extraño en la sociedad europea «aria». Eran vistos como sujetos improductivos: esto es, no como trabajadores manuales o campesinos y, sin embargo, exitosos, particularmente en el comercio y en la banca, y poderosos a través de su manipulación de la prensa, la escena y el entretenimiento. Los arios, por el contrario, tenían sus raíces en la **nacionalidad**.

Se creía que los judíos eran particularmente peligrosos, porque cuando se habían asimilado, incluso hasta el punto de abandonar su religión y celebrar matrimonios mixtos con los cristianos, a menudo eran difíciles de identificar: una amenaza potencial y secreta a la «raza» con la que se habían cruzado.

Eugenesia

La eugenesia fue concebida por el científico británico Sir Francis Galton (1822-1911). Se deriva de la teoría de Darwin de la «supervivencia de los más fuertes», y defendía que la sociedad debería desalentar la crianza de aquellos de sus miembros que no fueran «aptos» bien física, mental o socialmente.

En 1910, Winston Churchill, como ministro del Interior, realizó el borrador de una propuesta para esterilizar o colocar en campos de trabajo a 100.000 «ciudadanos británicos degenerados».

En Alemania, en 1904, la teoría de la eugenesia se desarrolló hasta su conclusión lógica.

LA «MUERTE PIADOSA MISERICORDIOSA» ES UNA FORMA HIGIÉNICA DE ELIMINAR A LOS NO APTOS, QUIENES, ASÍ, CESARÁN DE SER UNA CARGA PARA LA SOCIEDAD.

Ernst Häckel (1834-1919), científico y filósofo alemán

En 1920 se publicó un libro titulado *The Release and Destruction of Lives Devoid of Value* (*La liberación y destrucción de vidas desprovistas de valor*). Sus autores, un abogado y un psiquiatra, proponían la eutanasia, aplicada por el Estado, para seres humanos con deficiencias, sin valor y para aquellos que «representan un cuerpo extraño en la sociedad humana». Así es precisamente cómo define a los judíos el antisemitismo.

Cuando los nazis alcanzaron el poder en 1933, crearon una unidad especial, llamada de forma eufemística la **Fundación general para el bienestar y el cuidado institucional**, o T-4.

Conformada por doctores y psiquiatras, llevó a cabo las «muertes misericordiosas piadosas» de 70.000 hombres, mujeres y niños en ciertas instituciones antes de que el programa se detuviera oficialmente como resultado de la protesta de los clérigos.

La política del antisemitismo

Hacia finales del siglo XIX, el antisemitismo comenzó a tomar formas específicamente políticas.

En Alemania y en Austria, los años 1870 habían sido un período de depresión económica severa. Las clases medias-bajas, atrapadas entre poderosos intereses económicos y el auge del movimiento de la clase trabajadora, se vieron especialmente afectadas. Varios pequeños grupos de derecha en Alemania y Austria atacaron a los judíos, quienes, al mismo tiempo, se las ingeniaban para representar ante ellos el capitalismo y el socialismo radical.

En Francia, el antisemitismo era, en todo caso, más fuerte que en Alemania o Austria. El antisemitismo francés tenía normalmente como sus portavoces a los monárquicos y al clero católico, quienes rechazaban el legado de la Revolución de 1789 con su lema de **Libertad**, **Igualdad** y **Fraternidad**.

¡UN EFECTO INDESEABLE DE LA REVOLUCIÓN HA SIDO LA EMANCIPACIÓN DE LOS JUDÍOS!

En los años 1890, el juicio y la prisión de un oficial judío, el capitán Alfred Dreyfus, acusado falsamente de espiar para Alemania, reveló la profundidad del sentimiento antisemita. Los radicales y la izquierda se alzaron en su defensa. El país quedó dividido por la mitad.

Action Française

Después del caso Dreyfus, Charles Maurras (1868-1952), un intelectual de derecha, monárquico y antisemita, fundó la *Action Française*: un semillero de fascismo.

Los partidos políticos con políticas antisemitas, como los de Alemania y Austria anteriores a 1914, eran agrupaciones pequeñas y relativamente poco importantes en el espectro político. Pero fueron los antecedentes del **Partido nacionalsocialista obrero aleman** (nazis) que formó Hitler en los años 1920. Este también comenzó como un partido pequeño.

En **Mein Kampf** (*Mi lucha*), que Hitler escribió a principios de los años 1920, este explicaba la importancia de la «pureza racial».

«Ningún niño o niña debe abandonar la escuela sin tener una visión clara del significado de la pureza racial y de la importancia de mantener la sangre racial sin adulterar».

La misma doctrina racista está enunciada en el programa del partido nazi.

Solo los nacionales, decía, pueden ser ciudadanos del Estado. Solo personas de sangre alemana pueden ser nacionales. Los judíos no tienen sangre alemana. Por lo tanto, ningún judío puede convertirse en un nacional alemán. Una lógica que puede conducir al genocidio.

El debate histórico

Entonces, ¿**Planeó** Hitler, **planearon** los nazis, el Holocausto desde el momento en que tomaron el poder? Este es un tema sobre el que existe un importante debate.

Por un lado, hay quienes creen que fue la intención inquebrantable de destruir a los judíos europeos de forma física. Son denominados **intencionalistas**.

Por otro lado, están aquellos que afirman que se alcanzó el Holocausto por medio de lo que se denominó un «camino torcido», y que muchas fuerzas de dentro del Estado alemán, así como de fuera de él, ayudaron a alcanzar ese destino. Son los denominados **funcionalistas**.

Este libro pertenece a la segunda escuela de pensamiento.

1. No tienes derecho a vivir entre nosotros en tanto que judío.

2. No tienes derecho a vivir entre nosotros.

3. No tienes derecho a vivir.

Cómo se alcanza cada paso...

El eminente historiador del Holocausto, Raul Hilberg, resumió en tres pasos los siglos que tuvieron que pasar para abrir la vía hacia el genocidio. El lector atento ya se habrá dado cuenta de cómo tuvieron lugar estos «pasos».

Primer paso: el proceso comienza con la **guetización** cristiana de los judíos tras el fracaso en convertirlos.

Segundo paso: el proceso continúa en la Europa secular cuando los judíos salen del gueto y son percibidos como una **amenaza económica**, que hace fracasar la asimilación liberal.

Tercer paso: la Solución Final se alcanza con la teoría «**científica**» de que los judíos no son solo racialmente inferiores, sino una amenaza a la pureza de la sangre «aria».

«Los nazis alemanes, entonces, no descartaron el pasado: construyeron sobre él. No comenzaron un desarrollo: lo completaron. En los profundos recesos de la historia antijudía podemos encontrar muchas de las herramientas administrativas y psicológicas con las que los nazis implementaron su proceso de destrucción. En los agujeros del pasado podemos también descubrir las raíces de la característica respuesta judía ante un ataque externo».

Raul Hilberg
La destrucción de los judíos europeos

Los primeros pasos del nazismo

Los nazis llegaron al poder en 1933, con la bendición y el apoyo de la derecha alemana, los industriales y el ejército alemán.

¡PODEMOS USAR A HITLER PARA DESHACERNOS DE LOS SINDICATOS!

Y CONVERTIR A ALEMANIA EN UN LUGAR SEGURO PARA EL CAPITALISMO.

El Parlamento alemán aprobó inmediatamente un decreto otorgando a Hitler poderes dictatoriales. Los partidos de derecha y centro votaron a favor de ese decreto. Solo los socialistas y los comunistas se atrevieron a votar contra esas medidas.

KZ - los primeros campos de concentración

Los campos de concentración se habían inventado por los británicos en la Guerra de los Bóeres para el internamiento de los hombres, mujeres y niños bóeres. Concentrados: esto es, reunidos a la fuerza e internados en estos campos. Murieron en grandes números por el olvido y las enfermedades.

Hitler comenzó entonces a desarrollar un reino de terror contra sus oponentes políticos. Comunistas, socialistas, radicales, sindicalistas: ¡había muchos judíos entre ellos!

Fueron internados sin juicio en campos de concentración - **Konzentrationslager** (KZ).

MADE IN ENGLAND

El primer campo de concentración alemán se creó en Dachau en marzo de 1933 (menos de dos meses después de que Hitler alcanzara el poder). Desde el inicio, los KZs alemanes adoptaron métodos penales brutales: trabajos forzosos, azotamientos, ejecuciones.

Los campos de Dachau, Sachsen Hausen y Buchenwald confinaron, entre los tres, alrededor de 50.000 prisioneros. La mitad de ellos eran elementos «asociales» que eran usados para trabajos forzosos.

Se aplica el programa de segregación

Al alcanzar el poder, los nazis comenzaron inmediatamente a introducir diferentes leyes que buscaban excluir a los «no arios», esto es, a los judíos, de la vida pública. Los «no arios» eran definidos como personas con un padre o abuelo judío.

Se empezó con el servicio civil, los nazis continuaron desterrando a los judíos de la enseñanza en los colegios y universidades y establecieron un cupo de estudiantes judíos. Se les prohibió ejercer como doctores, dentistas y jueces. No podían formar parte de los jurados. Fueron declarados inelegibles para el servicio militar.

La «arianización» de las instituciones culturales significó que los judíos quedaban excluidos de la vida cultural. Se les prohibió trabajar en la industria editorial.

Los judíos que se habían naturalizado después de 1918 (la mayoría de la Europa del Este) perdieron su ciudadanía. Como resultado se convirtieron, en efecto, en **apátridas**.

La legislación humillante prohibió a los judíos tener perros o usar parques públicos, piscinas o spas. Estas medidas fueron ampliamente aceptadas por la mayoría del público alemán, a pesar de las intensas críticas expresadas en el exterior.

Esto era apartheid.

Las leyes de Núremberg

La definición original de un «no ario» no satisfacía a los puristas raciales del partido nazi. También había problemas sobre la clasificación de «no arios» para propósitos administrativos y burocráticos.

Durante el famoso congreso de Núremberg en 1935, Hitler dio órdenes de que se preparara una **Ley para la protección de la sangre y el honor alemanes** en dos días. «Expertos» del Ministerio del Interior produjeron la legislación con una prisa ridícula.

Los decretos resultantes pasaron a ser conocidos como las Leyes de Núremberg.

¿CÓMO SÉ QUE NO SON TODOS JUDÍOS?

Las Leyes de Núremberg comenzaban afirmando que solo una persona de sangre alemana «o relacionada» podría ser un ciudadano alemán. Por lo tanto, los judíos se veían desprovistos de la ciudadanía alemana.

Un judío era una persona definida parcialmente por la raza y parcialmente por la religión. Así, una persona era considerada judía si descendía de, al menos, tres abuelos que eran judíos de raza, o de dos abuelos que profesaban la religión judía o se habían casado con una persona judía.

Los expertos también inventaron otra categoría. Estas eran las llamadas **Mischlinge** (personas de descendencia mixta), que habían tenido uno o dos abuelos que eran judíos de raza, pero que no se adherían a la religión judía. Los *Mischlinge* estaban sujetos a discriminación y estaban en peligro de padecer cosas peores, pero menos que los judíos completos.

Así, había un sistema de tres niveles con los «arios» en la cima, los *Mischlinge* en el medio, y los judíos en el fondo.

Las Leyes también prohibieron el matrimonio y relaciones sexuales entre judíos y no judíos. Las violaciones de estas leyes se penaban con la cárcel. Los judíos no podían emplear en sus casas a mujeres de sangre alemana o relacionada menores de 45 años.

La arianización económica

Inmediatamente después de llegar al poder, Hitler estableció un día de boicot a las tiendas y negocios judíos para apaciguar a los radicales del partido nazi.

> NO TUVO ÉXITO, PORQUE LA MAYORÍA DE LOS ALEMANES ORDINARIOS NO ERAN ACTIVAMENTE ANTISEMITAS.

> SIN EMBARGO, LO FUE, ¡PORQUE ESTABLECE QUE LOS JUDÍOS NO PUEDEN ESPERAR SER PROTEGIDOS POR LA LEY COMO LOS DEMÁS CIUDADANOS!

A pesar de las dificultades que se les pusieron, muchas empresas judías permanecieron en activo. Pero en 1937, una serie de decretos «arianizaron» los intereses judíos. Los judíos debían vender o liquidar sus negocios a precios ridículos. Los capitalistas «arios» sacaron provecho.

Éxodo

Había medio millón de judíos en el Tercer Reich cuando el partido nazi llegó al poder en 1933. El resultado de la opresión nazi y de la legislación antijudía fue una serie de olas de emigración. La primera ola importante tuvo lugar entre 1933 y 1936.

> MUCHOS DE NOSOTROS EMIGRAMOS A PAÍSES VECINOS, COMO FRANCIA. TRES CUARTOS PERMANECIERON EN EUROPA. UN QUINTO DE NOSOTROS SE MARCHÓ A PALESTINA.

La segunda ola vino después del **Anschluss** (la anexión de Austria por los nazis), en marzo de 1938. Este hecho hizo que otros 180.000 judíos pasaran a estar bajo el gobierno nazi, y que se produjera una huida masiva de judíos de Austria. Para controlarla, se creó en Viena una Oficina de emigración. Estaba dirigida por un oficial de bajo rango de las SS llamado Adolf Eichmann (1906-ejecutado en 1962).

La tercera ola tuvo lugar inmediatamente después de la **Kristallnacht**: la noche de los cristales rotos.

La Noche de los cristales rotos

En octubre de 1938, 15.000 judíos polacos fueron expulsados de Alemania y arrojados a la frontera polaca. El gobierno polaco antisemita de derechas, que estaba en conversaciones sobre su propio «problema judío», les negó la entrada.

Como venganza, un joven judío polaco, cuyos padres habían sido expulsados, disparó sobre un funcionario de la embajada alemana en París. El partido nazi dijo que era parte de una conspiración judía a nivel mundial, y el 9/10 de noviembre respondió con una noche de brutalidad, incendios y asesinatos. Alrededor de 300 sinagogas fueron quemadas. Al menos 7.000 tiendas destruidas y saqueadas. Los cementerios judíos fueron profanados. 91 judíos fueron asesinados.

Gran número de judíos fueron arrestados y llevados a campos de concentración. La mayoría de ellos fueron liberados al final del año, pero un millar de ellos habían sido asesinados.

Se impuso una «multa de expiación judía» por el daño causado. Tuvo el efecto de despojar a los judíos que aún quedaban en Alemania de la mayoría de sus posesiones. Los judíos estaban por entonces excluidos de forma efectiva de la vida económica alemana.

La **Kristallnacht** (Noche de los cristales rotos) fue obra de la sección de asalto (SA) de las camisas pardas: los nazis uniformados, los radicales del partido. A Hitler no le gustó porque no se llevó a cabo bajo el control central del régimen.

TIENE QUE HABER UN ENFOQUE METÓDICAMENTE PLANIFICADO DE LA CUESTIÓN JUDÍA DENTRO DE UN MARCO BUROCRÁTICO.

El papel de las SS

Las SS desempeñaron un papel fundamental en la formulación e implementación de las políticas de Hitler.

Las SS comenzaron como los guardaespaldas de Hitler (*Schutstaffel*). Eran una élite radical que tenía que proporcionar evidencia de quién tenía ancestros arios. Juraban absoluta lealtad a Hitler. Las tropas de las SS no solo dirigían y vigilaban los campos de concentración, sino que también disponían las divisiones de infantería y acorazadas en el campo de batalla.

El jefe de las SS era Heinrich Himmler (1900-se suicidó en 1945), uno de los hombres más poderosos de la Alemania nazi. Bajo su mando estaba la Oficina Central de Seguridad del Reich (OCSR) dirigida por Rudolf Heydrich (nacido en 1904-asesinado en 1942). La Gestapo (policía secreta) y los servicios de seguridad también se encontraban bajo el mando de Himmler.

POLICÍA

Heydrich aplicó la ideología del antisemitismo con una fría lógica que condujo eventualmente a la Solución Final.

Hacer que el Reich estuviera limpio de judíos («*Judenrein*»)

Para lograr que el Reich fuera *Judenrein*, los nazis estuvieron realmente ansiosos de expulsar a tantos judíos como fuera posible.

Cuando marchaban se les despojaba de sus pertenencias y propiedades. El patrimonio confiscado pasaba a financiar los preparativos para la guerra. Los nazis revivieron para despojar a los emigrantes una «tasa de partida» (*Reichsfluchtsteuer*), una antigua medida antiemigración que no estaba especialmente dirigida hacia los judíos. Los judíos perdieron entre el 30 y el 50% de su capital al marcharse.

Después de 1938, a los judíos se les prohibió exportar mercancías, muebles, las herramientas de su negocio, pieles o joyas.

El deseo nazi de deshacerse de los judíos que vivían en el Reich coincidió con el deseo sionista que animaba a emigrar a Palestina. Se alcanzó entonces un acuerdo de transferencia (**Ha'avara**) entre el Tercer Reich y la Federación sionista de Palestina, mediante la cual los judíos podían desplazar parte de su capital hasta Palestina en la forma de bienes alemanes. Este acuerdo no encontró el apoyo de algunas organizaciones judías. La principal de estas era el **Congreso Judío Mundial** (CJM) que organizó un boicot a todos los bienes alemanes.

Este acuerdo socavó el boicot.

En total, alrededor de la mitad de los 500.000 judíos alemanes y 200.000 austríacos se las ingeniaron para emigrar a donde pudieron.

El problema mundial de los refugiados, ya bastante grave debido a la depresión económica y el desempleo a gran escala, empeoró a finales de los años 30 debido a la gente que escapaba del fascismo en España, Italia y el Reich alemán.

Del último, muchos (pero no todos) eran judíos. A medida que los nazis persiguieron su política de hacer el Reich «Judenrein», el número de refugiados, naturalmente, aumentó de una forma enorme. Estaban desesperados.

El Reino Unido no tenía un sistema de cuotas, pero el gobierno declaró que no era un «país de inmigración».

En Gran Bretaña, la opinión pública y las organizaciones progresistas (tanto judías como no judías) ayudaban activamente a los refugiados del nazismo. Para facilitar el acceso, la comunidad anglo-judía hizo una promesa. Los refugiados judíos no se convertirían en una carga financiera para el Estado.

SÍ, PERO ESTO HARÁ DIFÍCIL QUE LAS PERSONAS QUE CAREZCAN DE UN ESPÓNSOR OBTENGAN LA ADMISIÓN.

Cuando estalló la guerra en septiembre de 1939, se habían admitido 80.000 refugiados. Incluían alrededor de 10.000 niños que llegaron tras la *Kristallnacht*, el 70% de los cuales eran judíos.

El influjo de extranjeros y judíos

Daily Express

Martes

Elemento enfermizo en la sociedad británica

Los judíos británicos están intentando involucrarnos en problemas con Alemania mediante las protestas por la persecución nazi.

Los judíos son portadores de marxismo y otras formas de decadencia.

Los judíos introducirán el psicoanálisis que es bien conocido por ser una práctica peligrosa.

The Evening News

Los alemanes deberían tener permitido dirigir su país como quieran.

¡ESTA GENTE NECESITA UN ANÁLISIS!

El mandato británico

Evidentemente, los sionistas tenían predilección por Palestina, donde ya había alrededor de 200.000 colonos judíos. Como parte del asentamiento tras la Primera Guerra Mundial, Palestina estaba en manos de Gran Bretaña en calidad de mandato hasta que el país se considerara listo para la independencia. Para ganar su apoyo en la guerra, el gobierno británico hizo promesas contradictorias a los indígenas árabes y a los colonos judíos.

A pesar de ser abiertamente antisemita, la Oficina colonial permitió a los judíos emigrar a Palestina en cantidades prácticamente sin restricción hasta 1936.

En el pico de la persecución nazi antes de la guerra, una comisión regia recomendó que la inmigración judía estuviese limitada a un máximo de 12.000 al año durante 5 años. En mayo de 1939, el gobierno británico revisó esta cantidad hasta un total de 75.000; a partir de entonces, no habría admisión sin el consentimiento árabe.

Esto condujo a una inmigración ilegal a gran escala, por lo que más de 18.000 judíos entraron en Palestina entre 1938 y 1941. La reacción británica fue feroz y, a menudo, brutal.

EVIAN

En julio de 1939, 33 gobiernos asistieron a la conferencia en el apacible balneario de Evian para discutir la situación de los refugiados. El Tercer Reich estaba representado por cinco oficiales de las SS.

CONFERENCIA

NO SE ESPERA QUE NINGÚN GOBIERNO RECIBA UNA CANTIDAD DE EMIGRANTES MAYOR DE LA QUE ESTÁ PERMITIDA POR LA LEGISLACIÓN EXISTENTE. LA FINANCIACIÓN PROVENDRÁ DE FUENTES PRIVAD

La invitación para asis provino del Gobier america

Un país tras otro encontraron motivos para rechazar la entrada de inmigrantes judíos.

Ninguno es demasiado (Canadá).

No tenemos un problema racial, ¡y no queremos importarlo! (Australia).

La cuestión de la inmigración a Palestina no se puede discutir (Gran Bretaña).

Holanda y Dinamarca fueron los únicos países europeos que ofrecieron incrementar sus cuotas ligeramente.

Uno de los pocos países que ofreció aceptar varios miles de judíos fue la República Dominicana en el Caribe, que esperaba, de esa manera, «mejorar» la mezcla racial de la población con colonos blancos.

Estaba claro para las organizaciones judías presentes en Evian (a pesar de no ser participantes en la conferencia) que...

NO HAY ESPERANZA DE POLÍTICAS DE INMIGRACIÓN MÁS LIBERALES.

¡TODO LO QUE PODEMOS SENTIR ES TRISTEZA, RABIA, FRUSTRACIÓN Y HORROR!

Imagínese que la conferencia encuentra, de hecho, territorios distintos a Palestina para acoger a los refugiados judíos. Si hay otras puertas abiertas, ¡causará un daño inimaginable al sionismo en Palestina! Mejor que la conferencia no alcance una decisión.

David Ben-Gurion (1886-1973, futuro Primer ministro de Israel.

EVIAN

Solo puedo esperar que el otro mundo que ha tenido una profunda simpatía por estos criminales sea, al menos, lo suficientemente generoso para convertir esta simpatía en ayuda práctica.

Estamos listos para poner a todos estos criminales a disposición de esos países... incluso en barcos lujosos.

La guerra se estaba avecinando.

En enero de 1939, en una comparecencia ante el Parlamento alemán, Hitler profetizó que...

SI LOS FINANCIEROS JUDÍOS INTERNACIONALES DE DENTRO Y DE FUERA DE EUROPA LOGRARAN SUMIR DE NUEVO A LAS NACIONES EN UNA GUERRA MUNDIAL, EL RESULTADO NO SERÍA LA BOLCHEVIZACIÓN DE LA TIERRA Y, POR ENDE, LA VICTORIA DE LOS JUDÍOS, SINO LA ANIQUILACIÓN DE LA RAZA JUDÍA EN EUROPA.

La cuestión es: hasta qué punto era esto una afirmación política. O mera retórica, ¿un intento de chantajear a la opinión mundial?

Europa bajo la ocupación nazi

En el verano de 1940 el territorio ocupado por Alemania en Europa se extendía desde el Golfo de Vizcaya hasta el centro de Polonia.

Para los judíos residentes en ese territorio, ya no había ninguna duda sobre si iban a ser capaces de emigrar en grandes cantidades. Pero, hasta entonces, los nazis no parecían haber tenido una idea clara de cómo hacer que Europa fuera *Judenrein*. Así, en 1940, estaban discutiendo un plan, calurosamente bienvenido por Heydrich...

PODÍAMOS ESTABLECER A 4 MILLONES DE JUDÍOS EN LA ISLA DE LA COLONIA FRANCESA DE MADAGASCAR.

SÍ, PERO LOS BRITÁNICOS AÚN ESTÁN LUCHANDO TRAS LA CAÍDA DE FRANCIA... NO PODEMOS TOMAR MADAGASCAR.

El plan no se enterró finalmente hasta 1941. Como solución provisional, los judíos de los territorios conquistados en Europa se enviaban al territorio controlado por Alemania en Polonia...

Los judíos de Polonia

Incluso antes de que los judíos de la Europa ocupada llegaran a Polonia, el 10% de la población era judía. La comunidad judía polaca se había establecido en el siglo XIV, tras la invitación de los reyes polacos.

Éramos los recaudadores de impuestos del rey. Donde nos establecimos era conocido como la Zona de asentamiento.

La Zona, que se extendía hasta Ucrania, se convirtió en un gran centro de la sociedad y la cultura judías. Alrededor de 8 millones de judíos vivieron entre los mares Báltico y Negro. El antisemitismo era allí endémico.

Cómo deshumanizar a una población

Con la ocupación de Polonia por parte de Alemania en septiembre de 1939, el antiguo patrón de los pogromos y el abuso antisemita fueron alentados por los nazis.

Prácticamente a diario se publicaban nuevos decretos, limitando la libertad y las actividades de la población judía. Los judíos no podían usar un tranvía sin certificado de despioje, que se renovaba semanalmente. Todos los judíos tenían que saludar a todo el personal nazi. Tenían que llevar en todo momento la estrella amarilla.

LA VIDA EN LAS GRANDES CIUDADES COMO VARSOVIA O LODZ PRONTO SE HIZO INSOPORTABLE. PODÍAMOS SER APRESADOS EN CUALQUIER MOMENTO PARA HACER TRABAJOS FORZADOS. LAS FAMILIAS TENÍAN QUE VALERSE POR SÍ MISMAS: UNA TAREA IMPOSIBLE PARA LA MAYORÍA.

Los nazis inventaron una serie de »juegos« con los que se deleitaban en humillar especialmente el liderazgo espiritual.

A un rabino capturado en un restaurante y forzado a quitar la nieve se le obligaba a continación a cagarse en los pantalones. Se obligaba a grupos de trabajadores judíos a luchar entre ellos a punta de pistola. Los judíos eran expulsados de los tranvías, y forzados a limpiar retretes con las manos desnudas. Los casos de locura se multiplicaban, parcialmente como resultado del gran número de palizas y heridas en la cabeza.

La mayoría de los polacos consintieron las atrocidades, a pesar de que posiblemente no participasen en ellas. Pero una importante minoría ayudó a los judíos: avisándoles, por ejemplo, de la aproximación de patrullas de reclutamiento.

Los primeros pasos hacia una «solución»

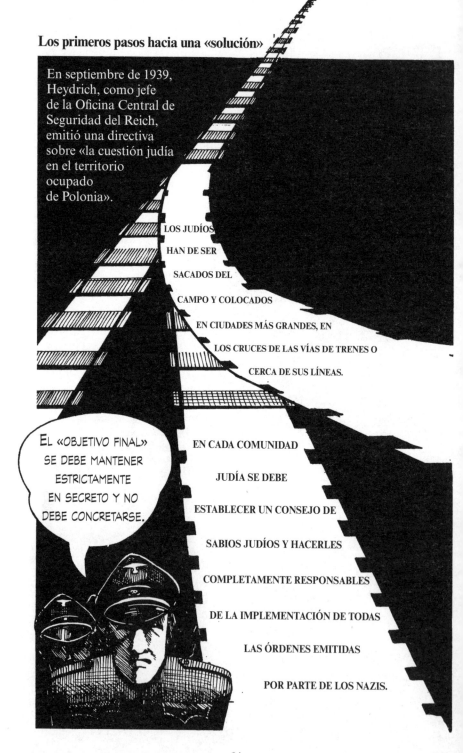

En septiembre de 1939, Heydrich, como jefe de la Oficina Central de Seguridad del Reich, emitió una directiva sobre «la cuestión judía en el territorio ocupado de Polonia».

LOS JUDÍOS HAN DE SER SACADOS DEL CAMPO Y COLOCADOS EN CIUDADES MÁS GRANDES, EN LOS CRUCES DE LAS VÍAS DE TRENES O CERCA DE SUS LÍNEAS.

EL «OBJETIVO FINAL» SE DEBE MANTENER ESTRICTAMENTE EN SECRETO Y NO DEBE CONCRETARSE.

EN CADA COMUNIDAD JUDÍA SE DEBE ESTABLECER UN CONSEJO DE SABIOS JUDÍOS Y HACERLES COMPLETAMENTE RESPONSABLES DE LA IMPLEMENTACIÓN DE TODAS LAS ÓRDENES EMITIDAS POR PARTE DE LOS NAZIS.

Los guetos

El siguiente paso fue establecer los guetos.

En la Edad Media la mayoría de los judíos europeos estaban obligados a vivir en guetos separados de la población cristiana. Solamente obtuvieron la emancipación total durante el siglo XVIII, a pesar de que los antiguos mecanismos de control racial no desaparecieron.

LA REVERSIÓN AL GUETO SIGNIFICÓ LA PÉRDIDA DE TODAS LAS VENTAJAS DE LA DEMOCRACIA LIBERAL, CONSEGUIDAS DESPUÉS DE UNA LUCHA MUY LARGA Y DURA.

La guetificación bajo los nazis fue un proceso gradual. El primer gran gueto se estableció en Lodz en abril de 1940. El gueto de Varsovia no se creó hasta octubre de ese año. Los de Cracovia y Lublin lo hicieron en 1941.

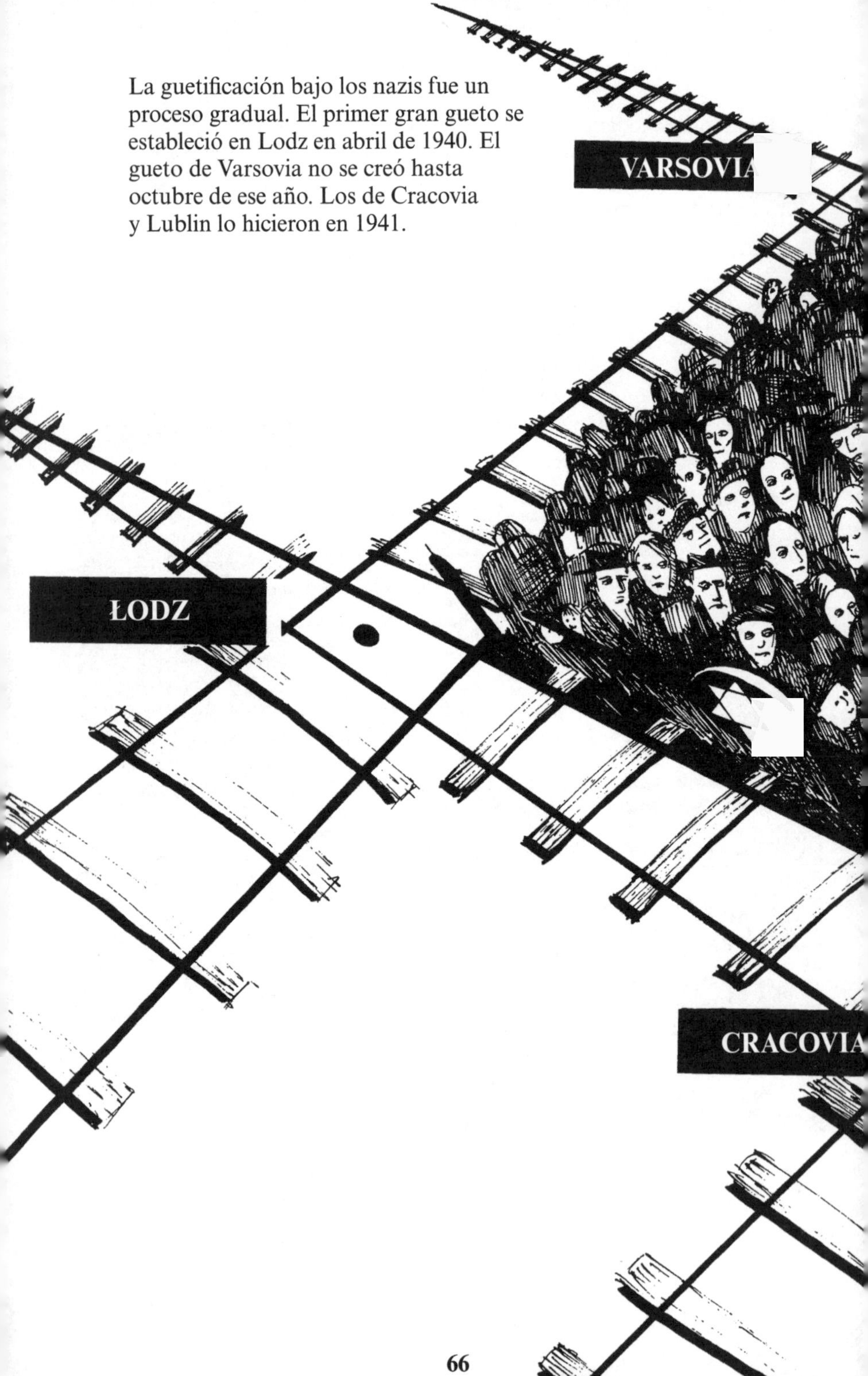

VARSOVIA

ŁODZ

CRACOVIA

Al principio los guetos ofrecían una falsa sensación de seguridad.

HAY MENOS INTIMIDACIÓN PORQUE NO HAY CONTACTO DIRECTO ENTRE NOSOTROS Y LA POBLACIÓN GENTIL.

LUBLIN

EL NÚMERO DE SUICIDIOS SE HA REDUCIDO.

Pero los guetos también marcaban a los judíos como personas que eran **diferentes**, viviendo en condiciones miserables, asolados por enfermedades. El resultado fue su **deshumanización** a los ojos de la sociedad fuera del gueto.

La tarea de construir guetos y nombrar consejos (*Judenräte*) se confió a las unidades de seguridad especiales: los *Einsatzgruppen*.

Los guetos habían sido descritos como «ciudades-Estado cautivas totalmente sujetas a las autoridades alemanas». Cada gueto tenía su propio cuerpo administrativo: el *Judenrat* (consejo judío).

A veces los nazis ordenaban a personas prominentes que escogieran un consejo. Otras veces, se elegían con bastante aleatoriedad. Negarse a participar significaba la muerte. Muchos hombres valientes murieron de esta manera.

Los consejos eran abrumadoramente de clase media: mercaderes y profesionales: doctores, dentistas, abogados, etc.

«La salvación a través del trabajo»

En algunos guetos había oposición al establecimiento de consejos por la comunidad judía y llamadas al boicot. La cuestión era: ¿facilitarían los consejos a los alemanes perseguir a los judíos, o serían capaces de suavizar los efectos de la persecución?

Al principio, algunos jefes de los consejos pensaron que podría haber una «salvación a través del trabajo». Lodz se volvió importante a la hora de suministrar ropas al ejército alemán. En el gueto de Varsovia 25.000 judíos estaban empleados en la producción de material relacionado con la guerra.

La política de «salvación a través del trabajo» encajó bien con la estrategia económica de las SS. En realidad, el único propósito de los consejos era llevar a cabo las órdenes de las autoridades alemanas.

La política nazi fue muy astuta. A pesar de que la población de los guetos entendía quiénes eran responsables de sus condiciones insoportables, se encontraban a sí mismos gobernados por compañeros judíos y teniendo enfrente a sus propios líderes en lugar de a sus odiados nazis.

El gueto de Varsovia

El gueto de Varsovia era el más grande de todos.

Casi medio millón de personas, más de un tercio de la población de Varsovia, estaban hacinadas en 3,3 kilómetros cuadrados. El resto de la población habitaba en 138 kilómetros cuadrados. Una habitación media alojaba a más de 7 personas. Solo el 1% de los apartamentos tenía agua corriente. Solo una décima parte de la población tenía permitido cruzar al lado «ario» para trabajar. Todos los aspectos de la vida en el gueto estaban controlados por los nazis a través del *Judenrat*, que creció enormemente desde una oficina de enlace hasta un cuerpo que gobernaba sobre 500.000 personas que vivían en las condiciones más inhumanas.

Dado que los judíos estaban completamente desconectados, el consejo de Varsovia (como otros consejos) tenía que hacerse responsable de la tarea de proporcionar servicios sociales: atención sanitaria, racionamiento, distribución de la comida, comedores sociales, la organización de la policía del gueto judío y la administración de justicia, hospitales y saneamiento, entierros, cultura (los judíos tenían prohibido tocar música de compositores «arios»). También organizaba la industria en el gueto en la que trabajaba la mitad de la población.

El líder del *Judenrat* de Varsovia era Adam Czerniakow (1888-1942), quien representaba al ala liberal-progresista del liderazgo del gueto.

Como todos los líderes del *Judenrat*, Czerniakow fortaleció la producción industrial como póliza de seguros contra el exterminio.

NO MATARÁN A LA OCA DE LOS HUEVOS DE ORO.

Las industrias del gueto crearon una nueva élite que poseía y dirigía los talleres y las plantas.

En casos como este, la mayoría del *Judenrat* apelaba a las autoridades nazis, quienes escogían bandos y creaban conflictos dentro del consejo.

Debido a la hambruna y las enfermedades, la ratio de muerte en el gueto era terrorífica. El tifus y la disentería mataban a muchas personas cada semana. Quienes sobrevivían estaban tan débiles que eran incapaces de trabajar, convirtiéndose, así, en una carga económica.

HICE LO QUE PUDE POR PROTEGER A LOS MÁS DÉBILES, A PESAR DE LA OPOSICIÓN INTERNA, Y CON ÉXITO LIMITADO. LOS DÉBILES ERAN CANDIDATOS PARA LA «REUBICACIÓN»: SIGNIFICABA LIQUIDACIÓN.

En julio de 1942, más de 100.000 judíos ya habían perecido debido a las condiciones internas del gueto, dejando como balance 380.000 supervivientes.

Cuando los nazis exigieron que el *Judenrat* tenía que suministrar 10.000 judíos no productivos al día para la «reubicación», Czerniakow preguntó durante cuánto tiempo continuarían las deportaciones. La respuesta nazi fue: «siete días a la semana, hasta el final».

Cuando Czerniakow entendió que pretendían exterminar a todos y cada uno de los del gueto, se suicidó.

Los restantes miembros del *Judenrat* creían que se permitiría a una cantidad razonable continuar produciendo. Por lo tanto, vetaron cualquier resistencia organizada a las deportaciones, que continuaron al ritmo de 10.000 al día. Para septiembre, solo quedaban 70.000 judíos en el gueto. Serían eliminados en 1943 durante y tras el levantamiento del gueto de Varsovia.

En Lodz, el líder del *Judenrat*, Mordecai Rumkowski (1877-1942), era conocido por los judíos como «el rey». Él organizaba el gueto (con una población de alrededor de 180.000 personas) con eficiencia y rigor tiránico. Cuando comenzaron las deportaciones a mediados de 1942, adoptó deliberadamente la postura de «sacrificar a los pocos para salvar a los muchos». En otras palabras, decidía quién iba a morir y quién a vivir. Cuando las tropas soviéticas tomaron Lodz en agosto de 1944, solo quedaban 870 supervivientes. Rumkowski, junto con la mayoría de los habitantes, había sido enviado a las cámaras de gas.

En Vilna, el jefe del *Judenrat* era Jacob Gens, un exoficial del ejército lituano. Creía que la salvación se encontraba en el trabajo, la ley y el orden. Su política estaba clara.

CUANDO VINIERON LOS ALEMANES Y PIDIERON 1.000 PERSONAS SE LAS PROPORCIONÉ, PUES SI NO LO HACÍAMOS DE BUENA VOLUNTAD... EL GUETO AL COMPLETO ESTARÍA EN PELIGRO.

Sabía que tenía las manos sucias y manchadas de sangre, pero «hice todo lo que estaba en mi poder para salvar judíos».

A pesar de que básicamente se opuso a la resistencia armada, Gens fue fusilado por la Gestapo pocos días antes de que se liquidara el gueto por haber tenido contactos con los partisanos.

Esta fue la tragedia de aquellos hombres que, una vez que los nazis hubieron decidido sobre la «solución final de la cuestión judía», se encontraban atrapados de forma inextricable en un proceso que conducía, paso a paso, hasta la eliminación de los habitantes del gueto. Se trataba de una progresión de la que no se podía escapar: empezando por proporcionar un censo de judíos, a seleccionarlos para realizar trabajos forzados y, finalmente, decidir quién debería ser deportado para morir en los campos. Los *Judenräte* fueron, aunque involuntaria e inconscientemente, un dispositivo que permitió el funcionamiento de la gran maquinaria de exterminio, facilitando sus complejas operaciones.

La invasión de Rusia y la *Endlösung*

La decisión de avanzar hacia la «solución final de la cuestión judía» se tomó tras la invasión de la Unión Soviética en 1941. Esta era una guerra ideológica que no estaba dirigida solamente contra los «subhumanos» eslavos, sino también contra los «subhumanos» judíos. El mariscal de campo Von Reichnau declaró en una orden del día:

En la esfera oriental, el soldado
no es simplemente un luchador
de acuerdo con las reglas de
la guerra, sino el
partidario de una ideología
racial implacable...
por esta razón el soldado
debe mostrar completa
comprensión
de la necesidad de
la expiación,
severa pero justa,
necesaria para
los subhumanos
judíos.

En julio de 1941 (un mes después de la invasión de la Unión
Soviética) Hermann Göring (1893-1946), el segundo de Hitler en
la cadena de mando y actuando presumiblemente en línea con las
intenciones del Führer, firmó una orden, redactada por Heydrich.

ESTÁIS ENTRENADOS PARA LLEVAR A CABO TODAS LAS PREPARACIONES NECESARIAS PARA UNA SOLUCIÓN TOTAL DE LA CUESTIÓN JUDÍA.

La *Endlösung*:
la solución
final.

A comienzos de julio, Heydrich dio órdenes especiales para los territorios conquistados de la Unión Soviética.

NO SOLO HAN DE SER EJECUTADOS TODOS LOS OFICIALES COMUNISTAS, SINO TODOS LOS JUDÍOS QUE HAY EN EL PARTIDO Y LOS QUE ESTÁN EMPLEADOS POR EL ESTADO, JUNTO CON LOS SABOTEADORES, FRANCOTIRADORES, PROPAGANDISTAS, ASESINOS, INCITADORES, ETC. ESTO ES, LOS PARTISANOS.

Esta fue la tarea de los *Einsatzgruppen* (escuadrones de la muerte) que se desplazaron a ciudades y localidades capturadas con las tropas de vanguardia. Pronto quedó claro que habían entendido que Heydrich quería decir que *todos* los judíos (incluyendo a mujeres y niños) tenían que ser asesinados.

Comienzan las masacres

Las masacres llevadas a cabo por los *Einsatzgruppen* pueden considerarse la «fase primitiva» de la solución final. Estas unidades *no* estaban constituidas por criminales, sádicos y maníacos, sino que se extraían de la élite de la clase media profesional alemana.

Uno era un pastor protestante. Había proporcionalmente más doctores entre ellos que en cualquier otra unidad del ejército alemán. Se les escogía a dedo por sus fuertes motivaciones ideológicas y fiabilidad.

Solo había cuatro batallones de *Einsatzgruppen* para todo el enorme frente ruso, desde el Báltico hasta el Mar Negro.

Reforzados por unidades de la policía de seguridad, y ayudados por unidades del ejército alemán, se desplazaron al territorio conquistado para ponerse a trabajar masacrando a comunidades judías completas. La **población local** normalmente se unía a estos batallones como policía auxiliar, especialmente en los Estados balcánicos y en Ucrania, ayudando en las redadas con su conocimiento del terreno.
Eran recompensados con el privilegio de elegir las propiedades de los judíos muertos.

Los escuadrones tenían una técnica estándar

- Se encontraba o se hacía una fosa común fuera de una localidad.

- Se ordenaba a los judíos que fueran a un punto de encuentro.

- Se les llevaba en tandas (primero los hombres) a las zonas de matanza.

- Entregaban cualquier cosa de valor al comandante del escuadrón.

- Se quitaban la ropa exterior y, en verano, se desnudaban.

- Eran asesinados en el borde de la fosa mediante disparos individuales o fuego en masa.

Las primeras masacres de judíos tuvieron lugar a medida que los ejércitos alemanes penetraban en los Estados bálticos y en Ucrania. En **Kaunas**: los «partisanos» lituanos mataron a alrededor de 8.000 judíos. En Leópolis: los nacionalistas ucranianos mataron a 7.000. Pero los *Einsatzgruppen* fueron responsables del grueso de las muertes. En **Kiev**, en dos días, fueron asesinados 33.000 judíos en un barranco llamado Babi Yar.

A medida que el frente se desplazaba hasta el Este, los escuadrones encontraron menos víctimas. En **Odessa**, la ciudad con la mayor población judía de la Unión Soviética, el ejército rumano disparó o quemó a alrededor de 40.000 judíos como represalia por un ataque partisano.

La población civil y cristiana era, en el mejor de los casos, pasiva durante estas y otras atrocidades. En Lituania, por ejemplo, un obispo prohibió al clero ayudar a los judíos o interceder por ellos de cualquier forma.

En octubre de 1941, un *Einsatzgruppe* informó de que había matado a 125.000 judíos y ofreció las cifras exactas por comunidad, con un desglose estadístico de hombres y mujeres, así como de comunistas.

El problema psicológico

Quedó claro que los métodos de los *Einsatzgruppen* eran inapropiados para lidiar con las enormes cifras con las que tratar. Los *métodos* también se cobraban un peaje en aquellos que realizaban las matanzas. Himmler se refirió más tarde al «problema psicológico» en un discurso secreto a los generales de la policía en Polonia.

Técnicas de matanza mejoradas

Himmler (según le contó a un general de la policía de las SS), encontró una solución al problema psicológico en nuevas técnicas que podrían hacer que los asesinatos se perpetraran de forma más impersonal.

«Para las ejecuciones mediante disparos se necesita de gente que pueda llevarlos a cabo y esto tiene un efecto adverso sobre ella. Sería mejor liquidar a los seres humanos usando "furgones de gas" que han sido preparados en Alemania según mis instrucciones. Mediante su uso se elimina lo desagradable que se haya conectado con la ejecución mediante disparos».

Los furgones de gas

Himmler se estaba refiriendo a los furgones de gas
móviles que se estaban usando en el campo de exterminio
de Chelmno. El monóxido de carbono de los tubos
de escape de los furgones se bombeaba hasta
el espacio de carga, que estaba sellado, matando así hasta
40 personas en una operación.

Los furgones de gas móviles fueron diseñados para
un viaje típico de alrededor de quince kilómetros desde
el punto de carga hasta las zanjas funerarias. Esto
significaba que los conductores tenían que conducir
a una velocidad que no excediera los 32 km/h para diera
tiempo suficiente para que se gaseara a los judíos allí
atrapados. Pero los conductores, a pesar de las grandes
cantidades de alcohol que se les dispensaba, encontraban
que el trabajo era desagradable y conducían más rápido
para «acabar con ello».

Como resultado de esto, los judíos no estaban del todo
muertos cuando los furgones llegaban a las zanjas.
Las escenas que se encontraban los conductores
y los guardias eran demasiado incluso para hombres
endurecidos por una brutalidad habitual. Aun así, entre
diciembre de 1941 y la primavera de 1943, más de 200.000
judíos polacos y decenas de miles de prisioneros soviéticos
y de gitanos fueron asesinados de esta manera.

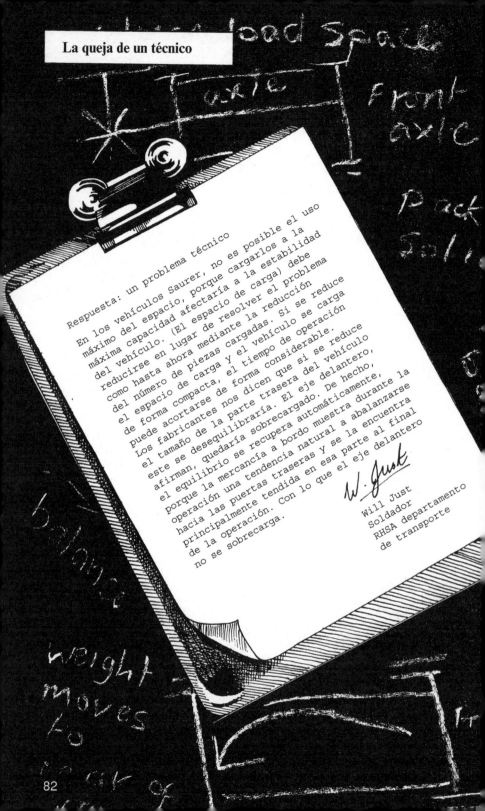

Respuesta: un problema técnico

En los vehículos Saurer, no es posible el uso máximo del espacio, porque cargarlos a la máxima capacidad afectaría a la estabilidad del vehículo. (El espacio de carga) debe reducirse en lugar de resolver el problema como hasta ahora mediante la reducción del número de piezas cargadas. Si se carga el espacio de carga y el vehículo se carga de forma compacta, el tiempo de operación puede acortarse de forma considerable.

Los fabricantes nos dicen que si se reduce el tamaño de la parte trasera del vehículo, este se desequilibraría. El eje delantero, afirman, quedaría sobrecargado. De hecho, el equilibrio se recupera automáticamente, porque la mercancía a bordo muestra durante la operación una tendencia natural a abalanzarse hacia las puertas traseras y se la encuentra principalmente tendida en esa parte al final de la operación. Con lo que el eje delantero no se sobrecarga.

W. Just

Will Just
Soldador
RHSA departamento
de transporte

La industrialización de los asesinatos en masa

Otra innovación importante fue llevaba a cabo en Treblinka. Aquí, en lugar de llevarlos a la muerte en furgones de gas, los judíos eran conducidos en masa hasta una cámara sellada construida a propósito. El comandante bombeaba entonces monóxido de carbono desde un motor que estaba dentro de la cámara, matando a los 200 judíos acurrucados en el interior en 20-30 minutos. Por primera vez, los judíos eran asesinados en grandes números *sin que nadie en particular cometiera la matanza*.

El trabajo sucio de sacar los cuerpos desde los furgones y la cámara de gas de Treblinka lo llevaban a cabo los *Sonderkommandos* (escuadrones especiales) de prisioneros judíos, a los que se reclutaba de forma temporal para tal propósito. El método de eliminación de los cadáveres continuaba siendo el mismo. Estos eran enterrados por capas en largas trincheras horadadas mediante excavadoras mecánicas.

Gasear era ciertamente más eficiente que disparar a cada víctima de forma individual, pero iba a descubrirse una forma más limpia y más barata basada en los principios de la producción en masa. Tendría que diseñarse un sistema de cinta transportadora.

Programando la solución final

En agosto de 1941, Himmler, jefe de las SS, dio órdenes para la preparación del campo de exterminio de Auschwitz.

En septiembre de 1941, Christian Wirth, jefe de las SS de la organización T-4 y un experto en las «muertes piadosas», fue designado para dirigir el campo de Chelmno, donde procedió a gasear a los reclusos.

En diciembre de 1941, Hans Frank (1900-46), gobernador general nazi de la Polonia ocupada, anunció una gran conferencia para enero de 1942 en Berlín.

Estimo que hay 3,5 millones de judíos en mi territorio. No podemos fusilar a estos 3,5 millones de judíos, no podemos envenenarlos. Pero seremos capaces de tomar las medidas que conducirán, de una forma u otra, a su aniquilación exitosa.

La Conferencia de Wannsee

La conferencia sobre la que había hablado el gobernador Frank tuvo lugar el 20 de enero de 1942, en una mansión en Wannsee, a las afueras de Berlín. El objetivo de la conferencia era coordinar el trabajo de las diferentes agencias que estarían involucradas en la operación de la «solución final». Estuvieron presentes quince personas: una mezcla de oficiales de las SS y policía de seguridad, oficiales del partido y altos funcionarios.

Karl Adolf Eichmann, coronel de las SS, jefe de la sección IVb, la oficina judía de la Gestapo, elaboró las actas de la conferencia. Sus puntos principales fueron:

1. Que hay más de 11 millones de judíos en Europa (incluyendo a los países neutrales y países como Gran Bretaña que aún luchan contra Alemania). De estos, 4,5 están en territorios alemanes ocupados, con otros 5 millones en la Unión Soviética, la mayoría en Ucrania y la Rusia blanca. Un país (Estonia) está «libre de judíos» (esto es, ya han sido asesinados).

2. Que la inmigración se ha sustituido provisionalmente por la evacuación hacia el Este.

3. Que los judíos han de ser utilizados para el trabajo en el Este como un recurso en el transcurso de la solución final. Una gran proporción abandonará sin duda debido a la «reducción natural» (es decir, a la muerte por enfermedad, hambruna, o brutalidad).

4. Que Europa debe ser peinada de Occidente a Oriente en busca de judíos. Los judíos así evacuados se llevarán a guetos de tránsito antes de ser transportados más al Este (esto es, a los campos).

Wannsee tuvo lugar en un momento en el que la ofensiva alemana en el Este se había detenido debido a la dura resistencia y al invierno rusos. El ejército alemán había sufrido enormes pérdidas en hombres y equipamiento. La necesidad de reemplazar estas bajas amenazaba la industria militar alemana con una escasez de mano de obra.

La respuesta para la industria y agricultura alemanas fue usar trabajo forzoso y esclavo. Parte provendría de los guetos. Los reclusos de los campos de concentración también desempeñarían su papel. Unos pocos días después de Wannsee, Himmler anunció que los campos de concentración recibirían «importantes tareas y contratos económicos».

«Es bueno para los negocios...»

Cuando compras un buen caballo tienes que aceptar algunas carencias.

Gustav Krupp, el magnate de las municiones, sobre el sistema nazi

En la cumbre de su empleo, alrededor de 500.000 reclusos de los campos de concentración estaban empleados en la industria alemana en su conjunto.

Karl Sommer
Oficial de las SS en WVHA

Con ocasión de una cena que nos ofreció la administración del campo de concentración, establecimos las medidas concernientes a la activación de la planta realmente espléndida en el KZ para mejorar la producción de buna (goma artificial).

Dr. Otto Ambros, director de IG Farben, 12 de abril de 1941

La política de «buenos negocios» iba en contra de la exterminación física de los judíos que ya se estaba desarrollando a manos de los *Einsatzgruppen*, y que, de tiempo en tiempo, hacía que el ejército alemán se quejara de que se estaba agotando una mano de obra valiosa. Era una contradicción que se resolvería en favor de la ideología y el exterminio. **En el Tercer Reich la ideología ganó a menudo sobre el pragmatismo.**

Tipos de campos y sus propósitos

Las nuevas técnicas industriales de exterminio fueron desarrolladas en los campos de concentración dirigidos por la oficina central económica de las SS (WVHA).

Había tres tipos de campos.

1. Campos de concentración (KZ) como Buchenwald, Bergen-Belsen y otros. No estaban equipados para matar a grandes cantidades de personas.

2. Campos de trabajo: variaban desde campos muy pequeños que aportaban trabajo esclavo para industrias locales hasta los campos enormes de IG Farben en Auschwitz III que empleaban a más de 15.000 judíos de media en cualquier momento.

3. **Campos de exterminio** como Sobibor, Chelmno, Birkenau y Treblinka. Estos campos eran unidades especializadas: centros industriales de exterminio, que procesaban la muerte a una escala masiva. Más de 3 millones de personas murieron en ellos.

Los centros de exterminio

El KZ, la cámara de gas y el crematorio (todos probados y testados) se combinaron en los centros de exterminio de los campos de concentración.

Los campos de exterminio en Auschwitz-Birkenau, Chelmno, Treblinka, Sobibor, Majdanek y Belzec (todos situados en partes remotas de Polonia) fueron históricamente únicos. Su único propósito era la producción rápida y barata de la muerte en masa, incluyendo el procesamiento de sus derivados, y la eliminación total de toda evidencia del proceso de exterminio. Aquí los judíos (a los que se hacía referencia como *Stücke*, «piezas»), se «procesaban» en menos de seis horas y, a veces, en menos de una hora, desde su llegada en tren.

Los campos fueron construidos como unidades de producción en línea para funcionar sin retrasos o complicaciones. La mayoría de los principales campos de exterminio operaron desde 1941 hasta el final de 1944.

Mientras que Chelmno continuó utilizando los anticuados furgones de gas, los demás usaron cámaras de gas especialmente construidas, operando en su mayor parte con monóxido de carbono. Solamente Auschwitz, el complejo más moderno y más grande, estaba equipado con un método de exterminio superior: los mortíferos cristales conocidos comercialmente como Zyklon B: cianuro de hidrógeno, o ácido prúsico.

Los transportes

A pesar de que los lugares donde estaban emplazados los campos de exterminio estaban alejados, fueron escogidos porque eran fácilmente accesibles en tren. El transporte era proporcionado por el departamento de pasajeros del ferrocarril estatal alemán: la *Rieichsbahn*. Las víctimas eran hacinadas en «trenes especiales». A cada víctima se le asignaba un billete de ida de tercera clase.

Los niños menores
de 10 años viajan a mitad
de la tarifa.

Los bebés viajan gratis.

Disponibles tarifas
de grupo si el número
transportado es superior
a 300.

DOES ANYONE REALLY BELIEVE THAT OUR CRIES WERE NOT HEARD?

Los trenes sellados pasaban diariamente a través del campo polaco.

Cada día, un tren paraba en algún sitio en una vía de servicio, y los campesinos polacos obligaban a los prisioneros a comprarles un vaso de agua por oro o moneda extranjera. Se lanzaban cartas fuera de los trenes avisando a otros del destino de los trenes que las habían escrito. Pocas llegaban a su destino.

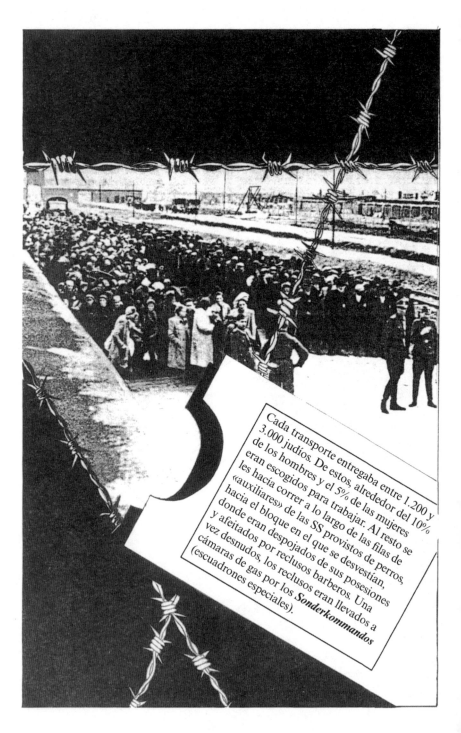

Cada transporte entregaba entre 1.200 y 3.000 judíos. De estos, alrededor del 10% de los hombres y el 5% de las mujeres eran escogidos para trabajar. Al resto se les hacía correr a lo largo de las filas de «auxiliares» de las SS provistos de perros, hacia el bloque en el que se desvestían, donde eran despojados de sus posesiones y afeitados por reclusos barberos. Una vez desnudos, los reclusos eran llevados a cámaras de gas por los *Sonderkommandos* (escuadrones especiales).

El gaseado se llevaba a cabo por personal de las SS que volcaba los pellets de Zyklon B en conductos del techo o las paredes de las cámaras de gas. En alrededor de cinco minutos 2.000 cadáveres era todo lo que quedaba en las cámaras más grandes, y 1.000 en las más pequeñas.

Los *Sonderkommando* entrarían entonces, retirando cualquier arreglo dental de oro, antes de cargar los cuerpos en vagones de metal para transportarlos a los crematorios. Allí los cuerpos eran empujados hasta los hornos a velocidades enormes por los esclavos judíos. Los *Sonderkommando* eran exterminados periódicamente y reemplazados por reclusos de refresco para minimizar la posibilidad de rebelión.

Mientras tanto, las posesiones, la ropa y el pelo de las víctimas se clasificaba, marcaba y empaquetaba para enviarlo de vuelta a Alemania en el mismo tren que los había traído. Para destruir la evidencia, la gran cantidad de cenizas que se producía diariamente se cargaba en camiones y se esparcía en las marismas adyacentes al campo, o eran usadas para fertilizar una granja de las SS cercana.

Auschwitz fue el mayor complejo de campos.

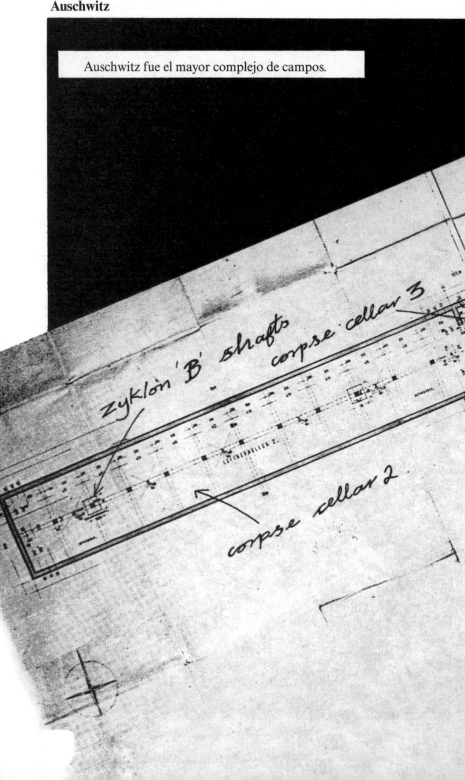

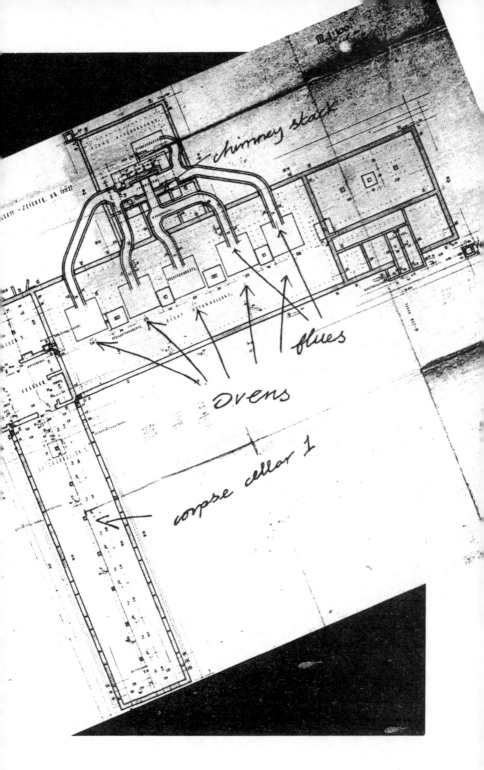

chimney stack

flues

Ovens

corpse cellar 1

En el verano de 1941, a Rudolf
Hoess (1900-47), Himmler, un
nazi fanático, le contó en gran
secreto la decisión de Hitler de
destruir el pueblo judío. Este fue
el encargado de planear, construir
y operar un campo en Auschwitz
(Oswiecim), un oscuro pero
importante cruce de ferrocarriles
en el Sur de Polonia.

AUSCHWITZ I

Auschwitz estaba
compuesto por tres campos.

Auschwitz I: Albergaba
a los partisanos capturados,
prisioneros políticos y prisioneros
de guerra, principalmente de Polonia
y de la URSS, homosexuales, testigos
de Jehová y judíos. Era un campo de concentración
y trabajo, más bien que un campo de exterminio, a
pesar de que muchos judíos y no solo judíos, fueron
asesinados allí.

El complejo de Auschwitz al completo era
administrado desde este campo. Esto incluía
coordinar la llegada de los trenes y los preparativos
para la recepción de los deportados, de acuerdo
con si eran escogidos para trabajar o para ser
asesinados. Dentro del campo de Auschwitz I
había plantas pertenecientes a Siemens, DAW
y Krupp, que producían todos ellos armamento y
piezas de repuesto.

Auschwitz II: Este era el centro construido con el propósito de exterminar en Birkenau, a tres kilómetros de Auschwitz I. Al menos un millón de judíos murieron aquí.

En enero de 1942, 12.000 prisioneros de guerra rusos construyeron más de 200 cabañas de madera, de 30 por 9 metros cada una, diseñadas para 200 reclusos pero que normalmente albergaban varias veces esa cifra. El campo no tenía carreteras interiores, y muy pocos servicios de cualquier tipo, aparte de algunas «cabañas retrete» especiales, a las que llevaban a los reclusos una vez al día. Tenían asignados dos minutos para el proceso. El número de reclusos fluctuaba entre unas pocas decenas de miles hasta más de 120.000.

Los reclusos de Birkenau estaban condenados. Eran considerados muertos pero recuperados temporalmente, debido, por ejemplo, a la congestión en las cámaras de gas. A diferencia de los reclusos de Auschwitz I, no estaban registrados ni tatuados con un número. No tenía sentido. A un extremo del campo, a lo largo del ramal ferroviario, había cuatro cámaras de gas con sus hornos crematorios adjuntos. La capacidad combinada de las cuatro cámaras de gas era de más de 12.000 cuerpos al día. Hubo largos períodos durante la guerra en los que las instalaciones estuvieron operando a toda capacidad, día y noche, especialmente durante el verano de 1944, cuando más de 500.000 judíos húngaros fueron gaseados en menos de dos meses.

Auschwitz III

Auschwitz III:

Era esta una planta enorme
construida por IG Farben,
el gigantesco consorcio químico
dedicado a la manufactura (utilizando
la mano de obra esclava de los reclusos,
principalmente judíos) de goma sintética,
combustible sintético y otros productos
químicos de gran importancia estrategica para
el esfuerzo de guerra nazi. IG Farben invirtió 700 millones
de *Reichsmarks* en la planta. Se hicieron con dos minas
de carbón de la zona, necesario para la producción de la goma
sintética (buna). La mayor parte de la financiación provino
de IG Farben, mientras que las SS contribuyeron principalmente
con la mano de obra judía esclava.

A pesar de que se utilizó la última tecnología para construir la planta, las prácticas de trabajo eran las brutales del campo de concentración. De prácticamente 40.000 reclusos que trabajaron allí, más de 25.000 murieron.

IG Farben no fue el único consorcio que se trasladó Auschwitz III para hacer uso de la mano de obra esclava. Entre otras se incluyen las compañías Krone-Presswerk, Grätz y Krupp.

La rutina del campo

La vida en los campos había caído en una gran contradicción.
Por una parte, estaba el negocio de la destrucción. Por otra, el deseo de explotar a los reclusos hasta el límite como mano de obra.

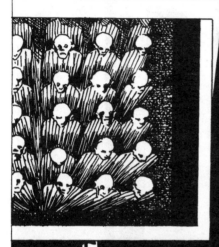

Los comandantes del campo establecieron un sistema de administración interna que convirtió a los prisioneros políticos alemanes en la élite gobernante, con los esclavos sirviendo por debajo de ellos. A los judíos meramente se les permitía servir en los escalones más bajos de la burocracia interna.

Un campo como Birkenau estaba dividido en bloques, que comprendía varios barracones, albergando cada uno de ellos alrededor de 100 prisioneros.

A algunos reclusos les daban posiciones de poder y tenían que responder ante las autoridades nazis. Aquellos que supervisaban los detalles del trabajo incluían a los importantes capos (supervisores) que disfrutaban de mejores condiciones que los otros reclusos (incluyendo el acceso al prostíbulo del campo). Los oficinistas del bloque... los reclusos que proporcionaban la burocracia necesaria para gestionar el campo y los bloques separados, también disfrutaban de ciertos privilegios, como dormitorios separados, mejor comida y ropa. Esto hacía que su supervivencia fuera probable.

Los oficinistas de cada bloque no solo eran responsables de pasar lista a todos los reclusos, sino también de la distribución de la comida, el mantenimiento de las cabañas y las selecciones para las cámaras de gas.

También eran responsables del castigo corporal suministrado en público en presencia de sus amos alemanes. Los alemanes también usaban un vasto sistema de espías y colaboradores del campo, quienes, por un pedazo de pan, ofrecerían detalles de cualquier intento de organización de los reclusos.

La combinación de estratificación de acuerdo con bases raciales y una maquinaria policial de Estado hizo que la resistencia fuera prácticamente imposible.

La realidad de la vida cotidiana en los centros de exterminio consistía en una especie de horror graduado. Los judíos que trabajaban subsistían con una dieta de sopa de nabo aguada por la mañana, y pan por la tarde, que era principalmente serrín. Todos los días moría mucha gente como resultado de la inanición y el maltrato.

Características únicas del Holocausto

El Holocausto fue el primer genocidio moderno, totalmente dependiente de la tecnología y ciencia modernas, de la burocracia de Estado y su capacidad inmensa para resolver problemas administrativos y logísticos, y de las técnicas empresariales e industriales modernas.

El proceso completo de producción en masa (desde la primera identificación y el aislamiento de los judíos hasta su exterminio final) se fue perfeccionado con la cooperación y connivencia completas de la industria alemana.

Las principales empresas se beneficiaron enormemente de la solución final en varias fases: desde la compra forzosa de empresas judías hasta el trabajo de los esclavos judíos en sus plantas industriales avanzadas, construidas en y alrededor de los campos de concentración.

En septiembre de 1942 se alcanzó un acuerdo entre el RHSA y el Ministerio de Justicia. Bajo este acuerdo, los «elementos asociales» (principalmente definidos como judíos, ucranianos, rusos, gitanos y polacos, pero también checos y criminales alemanes) dejarían de ser responsabilidad del sistema judicial y serían cedidos a la organización RHSA de Himmler para el «exterminio a través del trabajo» (*Vernichtung durch Arbeit*).

No es casualidad, entonces, que el portón de Auschwitz porte el lema «El trabajo libera» (*Arbeit Macht Frei*).

Estas condiciones se debían, en parte, a una lucha de poder en el sistema nazi. Himmler, jefe de las SS, por detrás solamente de Hitler, buscó construir un imperio financieramente autónomo poseído y dirigido por las SS.

Pero Albert Speer (1905-81), el ministro responsable de la economía de guerra, consideró que la construcción de este imperio era perjudicial para el esfuerzo de la guerra, ya que desviaba materiales, personal y transporte.

Por lo tanto, dio instrucciones a Himmler para que los campos tuvieran que autofinanciarse, que fueran dependientes de la riqueza de la que se desposeía a las víctimas judías. Nunca hubo un presupuesto oficial para la solución final.

La explotación normal del trabajo, en el corazón de toda empresa capitalista, se encontraba libre aquí de cualquier restricción legal, social o moral.

Los esclavos no tenían derecho a protegerse y se les hacía trabajar literalmente hasta la muerte. Siempre había otros para reemplazarlos. La esperanza de vida de los esclavos judíos en la planta de goma sintética de IG Farben en Auschwitz era de tres meses. Los trabajadores en las minas de carbón cercanas de IG Farben tenían una esperanza de vida de un mes.

El negocio de la muerte

Los centros de exterminio estaban organizados para usar cada pedazo de los reclusos judíos: desde la ropa con la que llegaban, sus zapatos, los dientes de oro que tenían que ser extraídos por «comandos especializados», hasta su pelo que era empaquetado y enviado de vuelta al Reich para servir, principalmente, en el aislamiento de los cascos de los submarinos.

Miles de esclavos judíos fueron empleados en la recolección, ordenamiento y envío de estos diversos artículos.

Conceptos importantes en el diseño y operación de la máquina de muerte fueron:

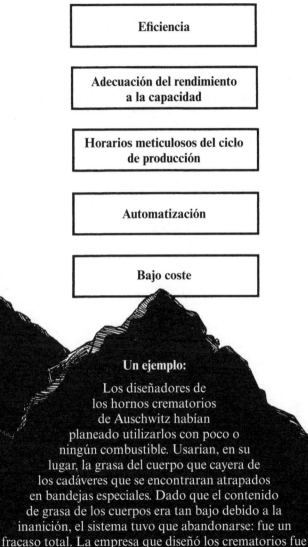

Eficiencia

Adecuación del rendimiento
a la capacidad

Horarios meticulosos del ciclo
de producción

Automatización

Bajo coste

Un ejemplo:
Los diseñadores de
los hornos crematorios
de Auschwitz habían
planeado utilizarlos con poco o
ningún combustible. Usarían, en su
lugar, la grasa del cuerpo que cayera de
los cadáveres que se encontraran atrapados
en bandejas especiales. Dado que el contenido
de grasa de los cuerpos era tan bajo debido a la
inanición, el sistema tuvo que abandonarse: fue un
fracaso total. La empresa que diseñó los crematorios fue
Tropf & Sons. Patentó el método en 1953.

El coste de un día de trabajo de un judío en las empresas que los empleaban era de dos *Reichsmarks* en 1941, alcanzando cinco *Riechsmarks* en 1944. El dinero se pagaba a las SS, ayudando, así, a financiar el proceso de exterminio. Este coste de trabajo absolutamente mínimo proporcionó a los industriales una enorme plusvalía de inmensos beneficios.

Pero muchos prisioneros estaban tan débiles como resultado de la inanición que morían en el trabajo o tenían que ser eliminados. Esto implicaba un cambio constante de la mano de obra. La formación tenía que repetirse, causando problemas administrativos. Las quejas por escrito enviadas al comandante del campo de las SS argumentaban que las compañías no estaban obteniendo el valor completo de sus trabajadores.

Hubo razonamientos y *memoranda* en la mejor tradición burocrática sobre los pagos por los trabajadores que morían en las instalaciones y que, por tanto, no proporcionaban el trabajo de un día completo. Cada parte argumentaba que la alimentación de los trabajadores era la responsabilidad de la otra.

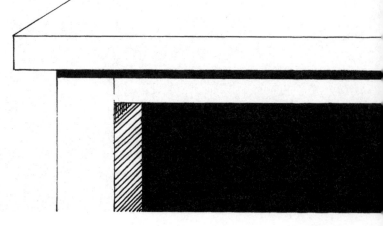

La resistencia judía

En la mayoría de los países ocupados
por los nazis, la resistencia activa armada
estuvo limitada a una pequeña minoría
de la población. Lo mismo era cierto
en el caso de la población judía.

La rebelión armada
contra las fuerzas
nazis era muy difícil
para la población judía y,
en la mayoría de los casos,
carecía de sentido.
Los judíos, que tenían
mínimo acceso a armas
y explosivos, y que normalmente
carecían de entrenamiento militar
para luchar contra los nazis
de forma efectiva, tuvieron
que incorporarse a un movimiento
clandestino con amplio apoyo por
parte de la población civil.

En donde existían esas condiciones
en Europa, los judíos se unieron
a los partisanos y lucharon
con valentía y eficacia.

En Polonia, sin embargo, a los judíos
se les negaba a menudo la entrada
en grupos partisanos, o incluso eran
asesinados por los partisanos
nacionalistas polacos ferozmente
antisemitas.

La comunidad judía que vivía en los guetos estaba, en general, aterrorizada ante la idea de una estrategia de resistencia. Era vista como un suicidio, dado el abrumador poder armado de las fuerzas nazis. En algunos casos el líder del *Judenrat* forzó al jefe de los judíos clandestinos a rendirse para no poner «en peligro» al resto de la comunidad.

En el gueto de Vilna, Yitzhak Wittenberg, quien dirigió una campaña exitosa haciendo explotar minas al paso de los trenes alemanes, se rindió bajo la presión del líder del *Judenrat* para así «salvar a la mayoría». Las SS habían amenazado con quemar el gueto a menos que Wittenberg se rindiera.

Fue asesinado. Su grupo fue obligado a abandonar el gueto en dirección al bosque, donde se unieron a las actividades partisanas contra las líneas de comunicación nazi.

Tales políticas enfurecían al historiador judío del gueto de Varsovia Emmanuel Ringelblum (él mismo una víctima del Holocausto) quien escribió en su diario:

Hemos acabado yendo como corderos al matadero

Su furia parecía estar justificada, ya que, al final, la política de la rendición no salvó a nadie: todos los judíos estaban destinados a morir tanto si eran «productivos» como si no.

Aquellos judíos que lucharon en circunstancias desesperadas lo hicieron por buenas razones. No aceptaban el argumento de que debía respetarse el instinto de supervivencia, porque veían que solo preservaban la vida para acabar con ella en las cámaras de gas. Preferían morir luchando contra el nazismo como un enemigo de la raza humana.

Los casos de rebelión dan cuentan de una importante historia de la fuerza humana ante la adversidad imposible, de valentía nacida de la desesperación, y desprovista de gestos heroicos.

El levantamiento del gueto de Varsovia

La resistencia armada más prolongada fue puesta en marcha por los reclusos del gueto de Varsovia donde la organización de la resistencia, la Unión militar judía, declaró:

HERMANOS, NO MURÁIS EN SILENCIO, LUCHEMOS

El 18 de abril el sistema clandestino tuvo conocimiento de la fecha fijada para la liquidación del gueto. Los 30.000 judíos que aún quedaban se refugiaron en búnkeres bajo tierra que ya tenían preparados, y alrededor de 1.200 luchadores, armados con dos ametralladoras, 17 rifles, algunas pistolas inútiles y muchos cócteles molotov y granadas caseras, se prepararon para una batalla sin esperanza.

En la mañana de Pascua del 19 de abril de 1943, una brigada de las SS de 3.200 soldados, equipada con ametralladoras pesadas, obuses, artillería ligera y vehículos acorazados, entró en el gueto.

Se encontraron bajo fuego proveniente de todos los lados, sufriendo pérdidas en muertos y heridos y retirándose con rapidez.

Tras las pérdidas del primer día, las SS usaron artillería para reducir el gueto a escombros. Las ruinas fueron entonces barridas por fuego de ametralladora y les prendieron fuego con lanzallamas. Desde más allá de los límites del gueto, los habitantes polacos observaban la destrucción, día tras día, y veían gente sobre la que se disparaba mientras intentaba escapar de las llamas.

NUESTRAS MUERTES NO SERÁN UN SINSENTIDO

Los judíos no estaban luchando por sus vidas: estaban luchando para que sus muertes no carecieran de sentido.

La rebelión duró cuatro semanas. Cuando el gueto fue totalmente destruido mediante bombardeos y fuego de mortero, la SS entró, yendo de sótano en sótano y gaseando a los judíos atrapados. Muchos miles de judíos fueron asesinados de esta forma. 30.000 fueron capturados. La mayoría fue enviada inmediatamente al campo de exterminio de Treblinka. Los últimos supervivientes fueron perseguidos por perros rastreadores a lo largo del sistema de alcantarillado. Todo lo que quedó del gueto fue una herida abierta en el cuerpo de la capital, un área de destrucción y pestilencia. Fue un castigo ejemplar y terrible: una advertencia para otros.

El levantamiento de Varsovia, y la inversión del estereotipo de los «judíos mansos y cobardes», tuvo una gran importancia para los luchadores de la resistencia en otros lugares. La batalla de Varsovia también fue crucial para las autoridades nazis, a pesar de que no tenía ningún fundamento militar. La rebelión tuvo que ser aplastada antes de que otros grupos, en Polonia y en otras partes, comenzaran a considerar la resistencia como una opción viable. Estaban en lo cierto con respecto a sus miedos. El levantamiento del gueto judío fue sofocado, pero inspiró el levantamiento igualmente trágico de la Varsovia polaca en 1944.

La rebelión de Treblinka

En verano de 1943, el Ejército Rojo estaba
avanzando hacia Treblinka, en el Este
de Polonia. Las SS comenzaron a abrir
las fosas comunes en las que fueron
enterrados cientos de miles de judíos
asesinados y, con una enorme
excavadora mecánica, apilaron
los cuerpos en grandes piras
que ardieron día y noche.

El *Sonderkommando* judío, que
disponía de alrededor de 700
prisioneros, comprendió que
este era un intento por destruir
la evidencia antes de que
llegara el Ejército Rojo.

Los prisioneros
habían estado planeando
durante largo tiempo una
revuelta. La oportunidad
de llevarla a cabo se presentó
el 2 de agosto de 1943.

La llave de la armería había
sido copiada por un prisionero.
Los conspiradores fueron
entonces capaces de coger y
esconder varios rifles
y granadas de mano.

Esa tarde, el equipo
de desinfección roció las estructuras
del campo como normalmente, pero usó
gasolina en los aerosoles. La mayoría del campo,
construido en madera, se incendió en pocos minutos.
Mientras los SS y los guardias ucranianos intentaban
recuperar el control, los rebeldes lucharon hasta
hacerse camino fuera del campo.

Escaparon alrededor
de 150 judíos.
La mayoría de ellos
fueron capturados de
nuevo. Alrededor de 50
consiguieron esconderse
y sobrevivir a la cacería.

Treblinka
no fue
reconstruido,
y la operación
se acabó como
resultado de la
valentía de los rebeldes.

La rebelión de Birkenau

Entre mayo
y septiembre de 1944,
la máquina de la muerte
de Auschwitz-Birkenau
destruyó a prácticamente
un millón de judíos,
procedentes, el mayor
grupo de ellos, de Hungría.
Los últimos meses de la
operación fueron testigos
de un aumento de la ratio
diaria de destrucción
de más de 10.000.

Con el Ejército Rojo al alcance de la mano, se dio la orden de destruir las cámaras de gas y los crematorios y de destruir toda la evidencia. Los reclusos eran conscientes de que el campo estaba a punto de ser liquidado y sabían que, como testigos, sus días estaban contados. La organización clandestina del campo ordenó una rebelión el 7 de octubre de 1944.

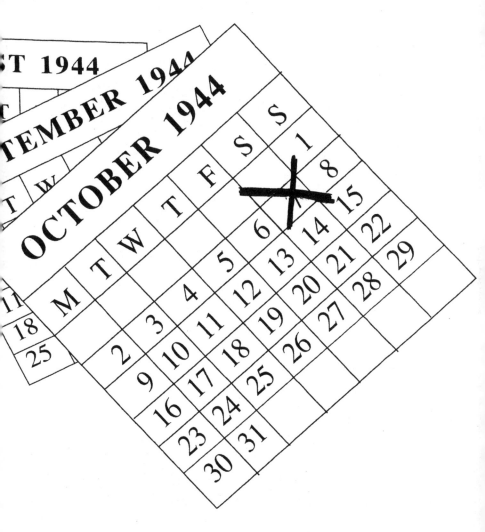

En el último momento se canceló el levantamiento. Pero el grupo más vulnerable, el *Sonderkommando* judío, no aceptó la decisión.

Usando explosivos introducidos de contrabando por cuatro mujeres judías que trabajaban en las fábricas, volaron los crematorios...

Y mataron... a varios de las SS con los largos garfios usados para sacar los cadáveres de las cámaras de gas.

Los pocos cientos de miembros del *Kommando* fueron cazados y fusilados.

Las cuatro mujeres colgadas.

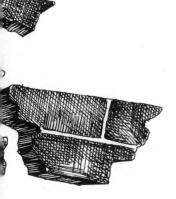

Las propias SS completaron la destrucción de la instalación, volando los crematorios, destruyendo toda la evidencia de la función real del campo.

Los judíos de Hungría

Antes de la guerra había más de 700.000 judíos en Hungría. Durante la guerra, los refugiados de otros países aumentaron el número hasta los 800.000.

Los judíos de Hungría presentaban un problema para los nazis. Eran una comunidad completamente integrada. A pesar de que durante la guerra Hungría era un aliado de la Alemania nazi, y tenía un gobierno completamente fascista, no había guetos y los judíos no estaban segregados de ninguna manera.

Es cierto que en 1938, Hungría había comenzado la «definición legal» de los judíos que los desalojaría de la vida financiera del país.

La posición especial de los judíos se puede explicar por el hecho de que eran predominantemente clase media y no podían desprenderse de ellos sin dañar el tejido de la sociedad húngara.

A mediados de 1944, la empresa Manfred-Weiss, propiedad del millonario judío Barón Weiss, era la mayor empresa de munición que servía al Tercer Reich.

Los nacionalistas húngaros eran reacios a entregar a sus judíos a los nazis para llevar a cabo deportaciones masivas.

A pesar de que el esfuerzo bélico nazi estaba derrumbándose en marzo de 1944, Hitler estaba tan obsesionado con la necesidad de exterminar a esta gran e intacta comunidad de judíos que convocó al almirante Miklos Horthy de Nagybanya (1868-1957), el jefe de Estado húngaro.

¡DEBES ESCOGER ENTRE LA OCUPACIÓN ALEMANA DE HUNGRÍA O EL NOMBRAMIENTO INMEDIATO DE UN GOBIERNO APROBADO POR MÍ!

Hitler dio también un ultimátum: la «solución» de la cuestión judía en Hungría iba muy atrasada y debía comenzar de forma inmediata.

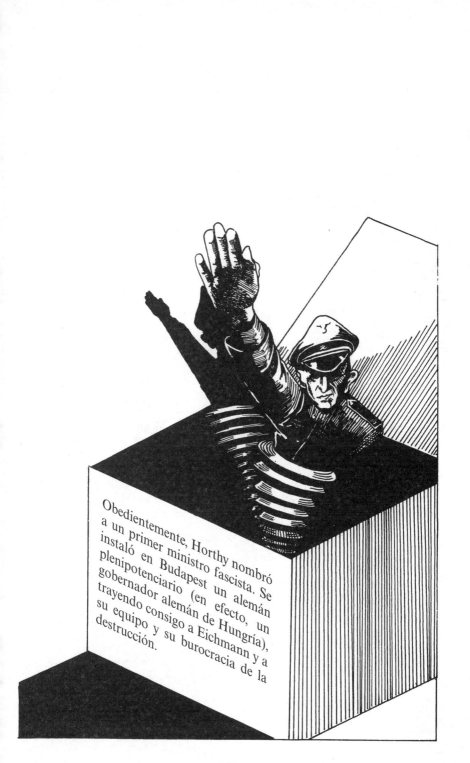

Obedientemente, Horthy nombró a un primer ministro fascista. Se instaló en Budapest un alemán plenipotenciario (en efecto, un gobernador alemán de Hungría), trayendo consigo a Eichmann y a su equipo y su burocracia de la destrucción.

Mientras tanto, la Administración húngara comenzó a legislar a una velocidad enorme.

LOS JUDÍOS TIENEN PROHIBIDO EL TRABAJO

(Esto no incluía la medicina, ya que un cuarto del personal médico cualificado en Hungría eran judíos).

SE EXIGE A LOS JUDÍOS LLEVAR LA ESTRELLA DE DAVID.

A LOS JUDÍOS SE LES PROHÍBE VIAJAR SIN UN PERMISO POLICIAL ESPECIAL Y DEBEN ESTAR SUJETOS A TOQUE DE QUEDA.

LAS TIENDAS Y NEGOCIOS JUDÍOS DEBEN SER CONFISCADOS.

Las tiendas y negocios judíos fueron forzados a pasar por la misma maquinaria de desposesión y confiscación que habían desarrollado en Alemania. En el plazo de unos pocos días, todas las tiendas judías estaban cerradas: más de un tercio de todos los negocios de Hungría. Todas las cuentas bancarias judías estaban congeladas.

Se dejó a la población judía sin medios de supervivencia.

Eichmann se enfrentó a una operación más compleja
que en cualquier otra parte. En Polonia tuvo el apoyo
de los gobernadores alemanes de los territorios ocupados,
del ejército alemán y de los *Einsatzgruppen*.
Su equipo era pequeño para el tamaño
de la tarea. El tiempo urgía. El Ejército
Rojo avanzaba rápidamente,
y el Frente Occidental
era ya inminente.

Su primer paso fue reunirse con el consejo judío de Budapest y exigir un informe completo de las propiedades de la comunidad. A continuación, ordenó la creación inmediata de un *Judenrat* que sería el único cuerpo reconocido por las SS y responsable de llevar a cabo sus órdenes. Esta era la misma máquina de colaboración que había funcionado en los guetos polacos. Eichmann prometió que no se les haría daño a aquellos que cooperaran por completo.

LAMENTO LAS MEDIDAS DE CONTROL QUE SON TEMPORALES Y GARANTIZAN LA SEGURIDAD DE LOS JUDÍOS HÚNGAROS.

Eichmann logró así una hazaña enorme: los *Judenräte* estaban comprometidos a colaborar con él para llevar a cabo sus medidas, creyendo que esta era la opción más segura.

Pero mientras que los *Judenräte* polacos, especialmente en los primeros días, podían ser perdonados por creer inocentemente en la propuesta de Eichmann, el caso fue muy diferente en Hungría.

VUESTRO DESTINO SE ENCUENTRA LEJOS DE ESTAR SELLADO

EL CONOCIMIENTO SOBRE NOSOTROS HA LLEGADO HASTA LOS ALIADOS

LOS NAZIS SE ENCUENTRAN EN UNA SITUACIÓN MILITAR Y POLÍTICA DESESPERADA

Muy pronto los judíos de las regiones periféricas de Hungría estaban siendo concentrados cerca de las estaciones de líneas principales. Esta operación fue la más rápida que hubiera visto Europa. Desde estos campos de concentración, los judíos fueron deportados a Polonia a una ratio de muerte de alrededor de 12.000 al día.

El *Judenrat* sabía en todo momento lo que estaba ocurriendo con los judíos deportados. Eichmann se lo explicó con detalle. Los líderes decidieron mantener ese conocimiento en secreto. Llegaron incluso a fabricar falsas tarjetas postales desde un campo de trabajo inexistente con relatos optimistas sobre la comida y las condiciones de vida para animar a aquellos que quedaban atrás a que se unieran a ellos.

Llegué bien.
Estoy bien y con buen humor.
Las cosas me están yendo bien.
Saludos

La cooperación de la policía judía, el *Judenrat*, el servicio civil y la población
ayudó de forma general a que las deportaciones húngaras fueran
prácticamente pacíficas. Los judíos confiaron en sus líderes,
prefiriendo en muchos casos presentarse voluntarios para una
deportación temprana deseando estar junto con amigos o familiares.

A veces Auschwitz-Birkenau no podía hacer frente a los transportes de judíos que iban llegando. Debido a la capacidad limitada de los hornos, los cadáveres tuvieron que quemarse en zanjas abiertas. La velocidad era esencial porque el Ejército Rojo estaba avanzando hacia el campo. En poco más de dos meses, el grueso de los judíos de Hungría había sido asesinado.

Comenzó a ponerse en marcha un esfuerzo
internacional por parte de varios individuos
y Estados europeos para detener las operaciones.

Decenas de miles de judíos fueron
salvados por el diplomático sueco
Raoul Wallenberg, quien les facilitó
documentos falsos, pasaportes
comunitarios y casas de acogida
en Budapest que declaró ser
extraterritoriales.

El acuerdo de los *Prominenten*

Viendo que el fin del Tercer Reich era inevitable, algunos miembros de las SS calcularon que, si salvaban algunas vidas judías, esto podría más tarde ponerlos en una buena posición.

Hubo dos iniciativas de ese estilo. En una, las SS (para recompensar parcialmente al *Judenrat* húngaro), acordó liberar a 1.600 judíos, los llamados «**Prominenten**», que eran en su mayoría los miembros del consejo y sus familiares, y enviarlos directamente a un lugar seguro en Suiza. Esto solo iba a tener lugar después de completar las deportaciones. Así, los «**Prominenten**» se convirtieron en rehenes de este proceso. Fueron finalmente liberados y enviados a Suiza hacia el final de la guerra.

El acuerdo de Eichmann

La otra iniciativa, que tuvo la aprobación de Himmler, fue propuesta por el propio Eichmann a Joel Brand, un destacado judío de Budapest. La oferta era salvar a un millón de judíos. Sus vidas se pagarían en especie: camiones militares para usarse solamente en el frente ruso. El precio era un camión por cada 100 judíos. Brand tuvo tres semanas para cerrar el acuerdo.

Brand viajó hasta Turquía y Oriente Medio esperando contactar con un miembro de la agencia judía, el representante del sionismo en Palestina, quien, a su vez, contactaría con los británicos.

Pero Brand fue arrestado por los agentes británicos y hecho prisionero.

Mientras tanto, los judíos morían al ritmo de 10.000 al día.

La agencia judía y las autoridades británicas estuvieron de acuerdo en su rechazo a considerar la oferta de Eichmann. La agencia judía no consideraba su prioridad salvar judíos en Europa, sino repoblar Palestina con colonos sionistas altamente motivados.

Tampoco estaban entusiasmados los británicos con la idea de recibir a los refugiados de Hungría.

Mientras Brand se encontraba en manos británicas, un alto oficial británico le dijo...

¿QUÉ SE SUPONE QUE DEBO HACER CON UN MILLÓN DE JUDÍOS? ¿DÓNDE LOS PONGO?

Además, los británicos y los americanos estaban alarmados con que el acuerdo se pudiera tomar en consideración por los rusos, quienes ya estaban quejándose con razón de que se estaban llevando todo el peso de la guerra en tierra, pues se trataba de una negociación con el enemigo claramente para su propia desventaja. Los nazis eran sin duda conscientes del dilema que suponía para los Aliados y de su potencial para causar una escisión.

Una de las personas
involucradas en ambas
iniciativas fue Rudolf
Kazstner, presidente asociado
de la organización sionista
en Hungría.

Estuvo protegido por los
nazis hasta el final de la
guerra, viajando con un
oficial de alto rango
de las SS en su intento
de negociar con Suiza.

Más tarde Kazstner ofreció
evidencia que salvó a este
oficial de los Juicios
de Núremberg.

Tras la guerra, el propio Kazstner fue juzgado *in absentia* por un jurado popular de judíos de Budapest. Fue declarado culpable de colaboración con los nazis y de fomentar la política de destruir a los judíos húngaros. Fue sentenciado a muerte. Emigró a Israel y ocupó un puesto ministerial subalterno durante varios años, antes de ser asesinado por dos jóvenes supervivientes de Hungría que consideraban que estaban haciendo una justicia histórica.

Se ha defendido que los Aliados no tenían información fiable sobre la solución final hasta que se acabó la guerra. Por lo tanto, no se les podría culpar de no haber intervenido para detener el proceso: por ejemplo, bombardeando los campos.

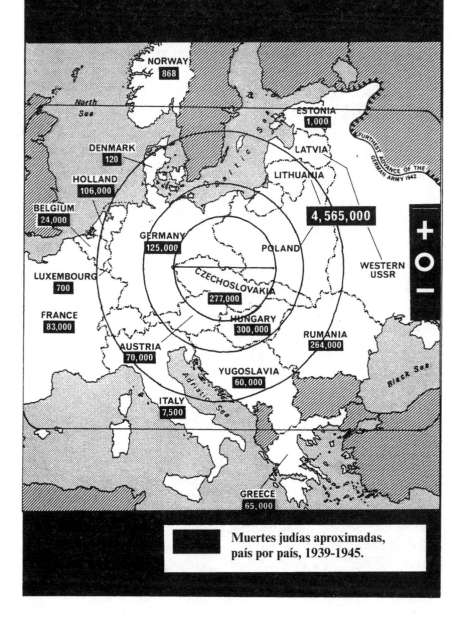

Muertes judías aproximadas, país por país, 1939-1945.

Pero los Aliados habían recibido numerosos informes desde diciembre de 1941 en adelante. Estos incluían mapas mostrando la organización de los centros de exterminio. El más importante fue entregado en 1942 por dos judíos checos que se las ingeniaron para escapar de Auschwitz, portando con ellos información extremadamente detallada sobre los campos y las cifras de asesinatos desde 1941. Ambos habían trabajado como secretarios en la burocracia del campo, teniendo así acceso a los documentos más secretos de los nazis.

¡ANTES DE QUE SEA DEMASIADO TARDE!

Su informe hizo que judíos destacados, especialmente en los EEUU, estuvieran a favor del bombardeo de los campos y de sus conexiones de comunicación para desarbolar o destruir la maquinaria de la muerte.

El escepticismo de los Aliados sobre la verdad de estos informes reflejaba un antisemitismo básico. La *BBC* no mencionó la parte crucial del informe del secretario de Estado para relaciones extranjeras Anthony Eden ante la Cámara de los Comunes, en diciembre de 1942.

ALEMANIA ESTÁ LLEVANDO A CABO LA INTENCIÓN REPETIDA A MENUDO POR HITLER DE EXTERMINAR AL PUEBLO JUDÍO DE EUROPA.

Una lógica curiosa condujo a la dirección de la *BBC* a discutir que la mención de la situación de los judíos podría provocar sentimientos antijudíos en Gran Bretaña. La *BBC* se limitó a informar de «los hechos... de la persecución judía», pero no a hacer «propaganda».

En 1944, un subsecretario del Foreing Office (Ministerio de Asuntos Exteriores) despachó la información sobre las cámaras de gas como «historias atroces de las cuales no hay evidencia». Otro oficial desechó los informes porque provenían de «fuentes judías».

PERSONALMENTE NUNCA HE ENTENDIDO REALMENTE LAS VENTAJAS DE LAS CÁMARAS DE GAS SOBRE LAS SIMPLES AMETRALLADORAS, O EL MÉTODO IGUALMENTE SIMPLE DE LA INANICIÓN.

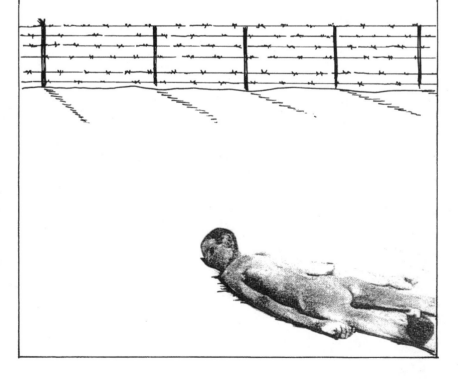

A pesar de las peticiones de judíos destacados, y del conocimiento sobre el que se basaban estas, hubo grandes retrasos a la hora obtener fotografías aéreas, y largas discusiones sobre si bombardear o no los campos. Se argumentaba que la operación desviaría considerable apoyo esencial para el éxito de las operaciones aliadas. Así, Auschwitz no fue bombardeado hasta agosto de 1944 por aviones Aliados provenientes de Italia. Para entonces, los Aliados disponían de fotografías áreas de los campos completas, pero, curiosamente, el análisis no identificó las chimeneas o los crematorios, que eran claramente visibles desde las fotografías aéreas tomadas ese mes. El campo de exterminio no fue el objetivo, sino la planta de goma sintética industrial de Auschwitz III.

Las nuevas peticiones para bombardear las cámaras de gas se encontraron con mayor procrastinación. Al final, la decisión tomada a los niveles más altos fue la de no llevar a cabo los bombardeos. La operación pondría en peligro las vidas de demasiadas tripulaciones.

Los historiadores revisionistas

Los académicos desempeñaron un papel importante y consciente en el apoyo, elaboración y propagación de la ideología del Tercer Reich. Surgió una escuela de historiadores y polemistas que, por razones políticas, se inclinaron a negar la verdad de la historia del Holocausto. Los revisionistas de la actualidad continúan esta tradición. Son el equivalente académico de los matones neonazis.

Uno de los primeros revisionistas más importantes fue Paul Rassinier (1906-1967), un profesor de escuela francés y socialista reformista que fue, él mismo, un recluso en Buchenwald y trabajó en uno de los campos. Plantea dudas sobre los relatos de los campos de exterminio, explotando los tipos de contradicciones que son comunes cuando los testigos dependen de la memoria. La aparente razonabilidad de su argumento oculta sus opiniones profundamente reaccionarias y amargamente antihumanistas.

También desarrolló un complicado «juego de números» para probar que no pudo haber habido 6 millones de muertes. Se basa aquí en las contradicciones que se derivan de las diferentes formas de desglosar las estadísticas disponibles.

Sus conclusiones fueron:

— Nunca hubo una política nazi sobre el genocidio judío.

— No hubo un exterminio mediante gas oficialmente aprobado.

— No hubo 6 millones de víctimas judías.

Admite que la política de Hitler contra los judíos fue un «ataque incuestionable contra los derechos humanos», y que las muertes fueron «una coincidencia desafortunada» que normalmente ocurrían durante el tránsito. Pero, afirmaba, nunca, en ningún momento, las autoridades responsables del Tercer Reich pretendieron ordenar la extinción de los judíos. Las atrocidades fueron obra de una o dos personas trastornadas de las SS. Si los gaseamientos tuvieron lugar, tendría un paralelo en el gaseamiento de criminales en los Estados Unidos, donde era una forma de ejecución perfectamente legal. Pero no había, en su opinión, nada que pudiera probar de forma concluyente que cualquier persona incapacitada o así considerada fuera enviada a las cámaras de la muerte.

Sus argumentos fueron adoptados por publicaciones y escritores de la derecha neofascista de Europa, incluyendo aquí Gran Bretaña, y de los Estados Unidos donde uno de los revisionistas más ruidosos diseña sistemas para las cámaras de la muerte en prisiones del Estado.

A pesar del hecho de que la mayoría de los judíos de la Europa ocupada fueron enviados en tren hacia el Este y nunca volvieron.

A pesar de los vídeos grabados por las autoridades del transporte nazi a la llegada a los campos.

A pesar de las fotografías de hombres, mujeres y niños colocados en fila, esperando la muerte por fusilamiento o en las cámaras de gas.

A pesar de la documentación nazi tal como los bocetos técnicos para los crematorios.

A pesar de las instalaciones que aún siguen en pie en sitios como Auschwitz.

A pesar de la evidencia de los supervivientes.

Los revisionistas aún proclaman con descaro que el nazismo ha sido acusado falsamente.

Sus publicaciones son aún otro intento de resucitar el fascismo, de encontrar en «el judío» (y en otras minorías) al «Otro» sobre el que el fascismo ha descargado tradicionalmente sus odios y miedos irracionales.

Desafortunadamente, las fabricaciones de los «revisionistas» han caído sobre tierra fértil en Europa donde las antiguas mentiras de la propaganda antisemita y las viejas falsificaciones están circulando de nuevo, y, ciertamente, nunca fueron completamente erradicadas.

PAUL RASSINIER

¿Ninguna evidencia?

Un poeta en Auschwitz

En 1967, el poeta austríaco Erich Fried, un judío vienés que se las había arreglado para emigrar a Gran Bretaña, visitó Auschwitz. Tenía alguna idea de lo que podía esperar, pero algunas cosas le sorprendieron. El pelo esquilado de las víctimas no era un gran montículo, sino algo plano. Había esperado una montaña de zapatos, pero el enorme montón de gafas le sorprendieron, al igual que la pila de brazos y piernas artificiales. Pero, escribió, «incluso más sorprendente fue la montaña de juguetes infantiles».

«Con cierta impotencia miré la pila de juguetes parcialmente dañados, parcialmente bien conservados. De repente vi a Moritz. Moritz tenía alrededor de veinticinco centímetros de altura, pelirrojo, con una chaqueta verde y pantalones verdes. Estaba sobre unas ruedas, de modo que cuando se tiraba de él con una cuerda, se iba inclinando hacia delante o hacia atrás, alternativamente. Al mismo tiempo oscilaban sus brazos y piernas... Era una reunión. Mortiz había sido mi propio muñeco; estaba roto cuando yo tenía cuatro años, pero ahora completamente intacto. Cuando era un niño por supuesto que nunca había considerado a Moritz como algo producido de forma masiva, pero jamás he podido recordar que haya visto un segundo Moritz en una juguetería o en el parque donde jugaba. Solo en Auschwitz, más de cuarenta años después de que se rompiera mi muñeco, vi su doble».

En otro lugar vio lo que parecía la caja de especias de su abuela.

«Como mi muñeco móvil, Moritz, nuestra caja de especias había sido en algún momento, cuando la compró mi abuelo, un objeto producido de forma masiva... Mucha gente, los ancianos de la generación de mi abuela... fueron deportados al Este «para reubicarse», como se decía... y llenos de esperanza tomaban con ellos un puñado de sus objetos caseros más pequeños.

Así, la caja de especias con la leyenda en un elegante azul llegó a Auschwitz. No con mi abuela. Había sido gaseada, cierto, a la edad de sesenta y seis años. Pero ya había llegado a su penúltima estación, Tehresiendstadt (el campo de concentración para los judíos más viejos) sin equipaje pesado, porque estaba ciega y débil y no podía llevar muchas cosas».

(De *My Doll in Auschwitz*, en **Children and Fools** de Erich Fried, traducido por Martin Chalmers, Serpent's Tail, Londres 1992).

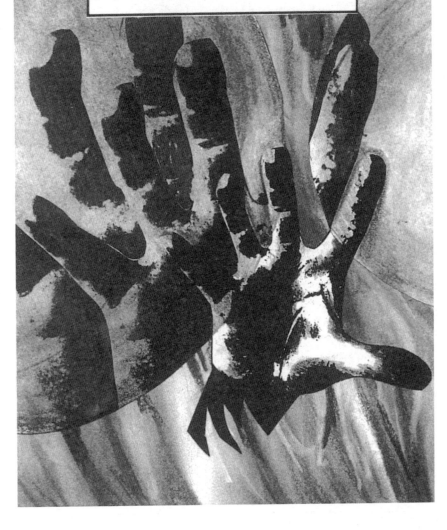

Las secuelas

Los juicios de guerra de Núremberg (y otros), el antisemitismo y la visión sionista del Holocausto.

1. Crímenes de guerra y juicios

En 1945, se creó un tribunal militar internacional para perseguir a los criminales de guerra nazi. Tenía que lidiar con los crímenes contra la paz, crímenes de guerra y crímenes contra la humanidad. El Holocausto caía dentro del último epígrafe.

Reunidos en Núremberg, el tribunal juzgó a un grupo de dirigentes nazis, entre los que se encontraba el sucesor de Heydrich como jefe de la Oficina Central de Seguridad del Reich, y Hans Frank, el gobernador general de la Polonia ocupada. Doce de ellos fueron sentenciados a muerte, tres (entre quienes se incluía el adjunto de Hitler, Rudolf Hess) fueron encarcelados de por vida, otros tuvieron sentencias de prisión más cortas y cuatro fueron absueltos. Hitler, Himmler y Göring se suicidaron. El último con la complicidad de un guardia de prisiones americano.

Hubo otros juicios posteriores, y algunos de los principales culpables fueron condenados a muerte. Entre estos se incluía a hombres como Oswald Pohl, quien dirigió el programa de trabajo esclavo de las SS, y Rudolf Franz Höss, quien estableció Auschwitz. Pero estaba claro desde el principio que la persecución y el castigo de los criminales de guerra (particularmente en la zona de ocupación británica) tenía una baja prioridad. Se permitió que el proceso se alargara, entorpecido por la ignorancia, la confusión burocrática, la reticencia política, el antisemitismo (algunos de los investigadores y fiscales, particularmente en la zona americana, eran judíos), y por la solidaridad profesional y de clase con ciertos criminales como los mariscales de campo Gerd von Rundstedt y Fritz Erich von Manstein. Este último había dado instrucciones a los comandantes del ejército diciendo que «el soldado debe apreciar la necesidad del duro castigo de los judíos, los portadores espirituales del terror bolchevique». En Gran Bretaña se abrió una subscripción pública para costear la defensa de Von Manstein, descrito como «un anciano general alemán» que solo había asesinado a rusos y polacos. Churchill fue uno de los primeros en contribuir: se recaudaron 2.000£, una gran suma en aquellos tiempos. Los funcionarios del grupo de crímenes de guerra británicos, con pocas excepciones, dimitieron en lugar de prestar ayuda a Von Rundstedt. Ciertamente, ofrecieron una cena en honor del mariscal. «Una persona de su calibre merece este honor, y estaba muy emocionado», dijo el funcionario que organizó la reunión.

La Guerra Fría desempeñó su papel al sembrar la sospecha entre los rusos y los aliados occidentales. En los Estados Unidos, un congresista acusó a los investigadores de los crímenes de guerra en la zona americana por ser «una minoría racial» quienes estaban «ahorcando soldados americanos y juzgando a los empresarios alemanes en el nombre de los Estados Unidos». En 1949, el senador Joseph McCarthy atacó a los judíos nacidos en el extranjero que estaban «abusando de los procedimientos de la justicia americana», e hizo campaña para que se conmutara la pena de muerte de un guardia de Buchenwald. En 1951, ese oficial (Hans Schmidt) se convirtió en el último criminal de guerra en ser ejecutado por los Aliados.

De los miles de involucrados en los crímenes de guerra y en el Holocausto, solo una fracción fue localizada y llevada ante la justicia. Muchos recibieron sentencias relativamente suaves. El caso típico es el de Alfred Krupp, el jefe de la gran empresa del acero. Había hecho un uso muy considerable de la mano de obra esclava y fue sentenciado en 1948 a 12 años y a la pérdida de todas sus posesiones. En 1951 fue liberado y posteriormente rehabilitado. El Dr. Abbs, el banquero que había financiado IG Farben y estaba en su junta directiva, pero negó cualquier conocimiento de Auschwitz III, perdió sus 45 cargos directivos: pero nunca fue juzgado. En su lugar, para su propia sorpresa y alivio, fue invitado por Gran Bretaña a reconstruir el sistema bancario alemán. A Otto Ambros, que fue quien escogió el lugar en Auschwitz para establecer IG Farben, le cayeron ocho años. Tras su liberación, emigró a los Estados Unidos, donde se convirtió en consejero de una empresa americana y consultor del Departamento de energía bajo la administración Reagan. La empresa no sintió que estuviera haciendo nada mal al contratarlo, «años después de lo que quiera que hubiera hecho».

En 1960, Adolf Eichmann fue sacado de su escondite en Argentina por el Mossad, el servicio secreto israelí, y se llevó a cabo un juicio-espectáculo en Jerusalén. Duró más de un año, paralizó a los israelíes y a los representantes de los medios de comunicación. Eichmann fue ejecutado en 1962. Desafortunadamente, no solo se echó de menos una oportunidad de comprender el Holocausto: se evitó cuidadosamente. En su lugar, tuvo lugar un proceso de deshumanización, que explicó poco y ocultó mucho. La única voz de la razón que salió de Jerusalén, la de Hannah Arendt, la distinguida académica americana que acuñó el término «banalidad del mal» que Eichmann encarnaba para ella, fue ridiculizada. De forma similar, el análisis del Holocausto del historiador Raul Hilberg fue desestimado por centrarse en argumentos funcionalistas; esto es, aquellos que consideran que la tragedia estuvo determinada por distintos factores políticos y de otro tipo, en lugar de confiar en el emocionalismo del antisemitismo irracional y ahistórico.

Como fuerza para la creación de la coherencia nacional en Israel, el juicio de Eichmann sirvió bien a su propósito. Una explicación semificticia de los acontecimientos históricos tuvo su efecto. En el Israel de los años 1960, la necesidad de tal fuerza unificadora fue fundamental.

La extradición más reciente de los Estados Unidos y el posterior juicio de Ivan Demjaniuk, alias «Iván el Terrible» de Treblinka, fue un intento de reproducir el juicio de Eichmann. El hecho de que el acusado no era «Iván el Terrible» mismo, sino el «Iván-el-no-tan-terrible», un guardián ucraniano que servía en los campos, como tantas decenas de miles de otros que nunca fueron juzgados, no se encuentra ni aquí ni allí. De nuevo el juicio cumplió con su propósito. Los juicios amañados nunca fallan, como muestra la experiencia en muchos casos: en la Alemania nazi, en la Unión Soviética de Stalin o en los «juicios de cazas de brujas» americanos bajo el McCarthismo. Estos juicios amañados son una explotación del Holocausto que es difícil de justificar.

2. La resistencia del antisemitismo

La falta de judíos que odiar en los países recientemente *Judenrein* de Europa del Este no detuvo el antisemitismo en ellos tras la guerra. Incluso mientras el sistema soviético de posguerra se encontraba en su esplendor, las manifestaciones periódicas del antisemitismo, tanto oficialmente sancionado como independiente, nunca se hallaban muy lejos. En Polonia, los judíos (de los cuales había muy pocos), eran odiados con ferocidad, debido a los papeles centrales que muchos desempeñaban en el partido comunista y en la maquinaria estatal. Los judíos polacos alcanzaron sus puestos en el partido tras muchos años luchando contra el fascismo y de sufrimiento personal. Pero su nuevo estatus, poderoso y protegido, no hizo nada por que fueran queridos por una población criada en su propio tipo de racismo, que se había visto fortificado por la colaboración en las prácticas nazis durante la guerra. Un ejemplo particularmente inquietante es el del Museo nacional en Auschwitz; no hay ninguna mención a que los más de que 4 millones de «polacos» asesinados por los nazis fueran judíos. En el campo de exterminio Birkenau donde se asesinó a más de un millón de judíos, no hay ningún intento por recordar o describir lo que allí ocurrió. La antigua máxima nazi, de que «detrás de los bolcheviques están los judíos», adquirió en la posguerra un nuevo protagonismo en los países de Europa del Este y el antisemitismo aún persiste allí tras el colapso del comunismo.

En países donde la solución final barrió por completo a los judíos, no hizo lo propio con el antisemitismo. En Polonia, nueve meses después del fin de la guerra, más de 1.000 judíos fueron asesinados en varios pogromos: siendo el más famoso el de Kielce, donde más de 100 supervivientes de Auschwitz fueron masacrados, con el gobierno comunista aparentemente incapaz de contener la marea. El Tercer Reich se había acabado, pero el terror de la solución final aún estaba al acecho en Europa. Los cientos de miles de refugiados judíos que habían sobrevivido tenían que encontrar otro sitio al que marcharse. Occidente era reacio a pagar el precio de reubicarlos y, por lo tanto, acordaron una solución colonial en Palestina.

3. La visión sionista del Holocausto

Es dudoso saber si las Naciones Unidas habrían decidido en 1947 dividir Palestina en dos Estados, uno árabe y otro judío, si no fuera por el hecho de que no se encontró un refugio seguro en ninguna parte para los supervivientes. La creación de un Estado judío, alejado geográficamente de «Occidente», fue una forma de absorber la culpa.

El Estado de Israel como tal adoptó una cantidad de refugiados relativamente pequeña. Pero esto no detuvo al gobierno israelí de negociar con la *Bundesrepublik* de Alemania Occidental como un agente único autodesignado, no solo de los supervivientes que vivían en Israel, sino también de todos los judíos muertos que no habían dejado herederos. Como resultado, los alemanes acordaron un amplio programa de reparaciones que sería pagado directamente al gobierno israelí, en lugar de a los supervivientes que vivían en Israel. Los israelíes se responsabilizaban entonces de pagar a los individuos sus reparaciones personales en nombre de la *Bundesrepublik*. Como la mayoría de los agentes, solo pagaron un porcentaje a los individuos a los que se les debían: los pagos «israelíes» fueron de menos de un tercio del pago directo equivalente de la *Bundesrepublik* a los supervivientes individuales no israelíes. Esto nos trae a la memoria el Acuerdo de transferencia (*Ha'avara*) negociado entre el gobierno alemán previo a la guerra y los sionistas. En ambos casos, los gobiernos e instituciones nacionales se beneficiaron de la miseria personal de los refugiados judíos.

Ni tampoco es que el gobierno alemán estuviera siendo puramente caritativo. Usó el programa de reparaciones para exportar tecnología alemana a Israel: la mayoría del programa se pagaba en especie. Las centrales eléctricas, los proyectos de irrigación, las fábricas y las plantas industriales y, más adelante, el armamento importado desde Alemania desempeñó un papel importante en la reconstrucción de la economía alemana. Pero incluso en términos materiales, la *Bundesrepublik* no devolvió más que una pequeña parte de las propiedades de los millones de asesinados.

Lo que se estableció fue un derecho aparentemente exclusivo del Estado israelí y sus agencias de hablar en nombre de los judíos muertos. Esto no solo colocó a Israel por encima y más allá de los estándares normales de comportamiento internacional, sino que también implicó que el complejo de culpa de Occidente pudiera continuar siendo exprimido y explotado. A lo largo de las siguientes décadas, en gran parte gracias al apoyo de la mayoría de las administraciones estadounidenses, Israel aseguró su lugar en el corazón de la política occidental, en términos financieros, políticos, militares y diplomáticos.

Esta posición no se ha visto alterada, a pesar del sufrimiento causado en Oriente Medio por esta política. Es demasiado pronto para decir hasta dónde podrá llegar finalmente la paz con la OLP (Organización para la Liberación de Palestina).

Esto implicó que Occidente sucumbió gradualmente a medidas cada vez más racistas aplicadas por los israelíes sobre los palestinos, que son su propio «Otro». A pesar de que es injusto e inexacto comparar la ocupación israelí (desde 1967) del Este de Palestina con la ocupación nazi de Europa, hay, sin duda, similitudes entre la ocupación israelí y algunas de las peores ocupaciones más racistas en otras partes. Esas similitudes se han convertido ahora en parte de la estructura de la sociedad israelí. Esto ha producido ideas, prácticas y políticas que recuerdan a aquellas que se podían encontrar en Alemania en los años 1930.

Tras el Holocausto ha habido, en general, una inquietante falta de debate racional sobre sus razones profundas y factores que lo hicieron posible. En ningún sitio es esto más cierto que en Israel.

Israel ha adoptado el papel de «portavoz de los judíos muertos» y custodio del Holocausto como una justificación ideológica perfecta de sus menos-que-buenas políticas y acciones en Oriente Medio. Así, Israel ha hecho casi imposible que se puedan criticar sus acciones. Quien lo hace, automáticamente se describe como «antisemita» o «nazi». Las instituciones controladas por el Estado del Holocausto (muchas de ellas bien financiadas) no han sido meramente organizaciones académicas, históricas o conmemorativas, sino el pilar principal de la lucha ideológica y política por el control de una agenda que incluye la ocupación de Palestina: y por el control del debate que la rodea.

El dominio del *Yad Vasham*, durante muchos años el instituto principal en el campo de la investigación del Holocausto, ha distorsionado el debate dirigiéndolo exclusivamente hacia aquellos temas y actitudes que han sido considerados beneficiosos para la perspectiva oficial de Israel. Esto ha afectado a la imagen recibida del Holocausto, no solo en Israel sino en todas partes.

Una tendencia importante en la discusión oficial del Holocausto ha sido dejar de lado cualquier explicación que no esté basada en el **intencionalismo** (esto es, la visión de que el Holocausto fue planeado desde el principio por los nazis) o que no considera al antisemitismo como la razón exclusiva que motivó el Holocausto.

Los nazis son considerados de forma aislada, y los Aliados y su papel menos-que-glorioso quedan fuera del debate por completo. Cualquier argumento que pudiera dibujar similitudes con los genocidios en otras partes del mundo se ha rechazado sin más trámite. Ha habido una resistencia total a cualquier explicación basada en un análisis histórico y social. El nombre «Holocausto» está protegido con ferocidad contra cualquier «uso impropio»: por ejemplo, cuando se aplica a cualquier otro caso de genocidio, como el de la masacre turca de 1 millón de armenios en 1915.

Solo en la última década, a través de la emergencia de centros de investigación independientes en otras partes, esta visión se ha visto gradualmente socavada y se ha desarrollado una mejor comprensión de todo el proceso que condujo hasta la solución final.

La inversión de los papeles - La víctima se convierte en verdugo

Desde 1948, los judíos de Israel y, de forma indirecta a través de ellos, los judíos de todo el mundo se han encontrado en una situación inusual: la de ser el agente de la desposesión, el partido más fuerte, militar y políticamente. Mientras que en Europa sufrieron la aniquilación total de los desposeídos, en Palestina fueron los europeos los que hacen frente a una población «nativa» del Tercer Mundo. En esta nueva situación, a la que los judíos no se habían enfrentado desde hacía milenios, los judíos de Palestina actuaron como colonialistas típicos, con una excepción: en lugar de una política de explotación de los locales, adoptaron muy temprano una política de expulsión, de transferencia de los locales a países vecinos. Esto no fue simplemente un resultado oportuno de la guerra de 1948, sino que ya se había establecido como un principio operante del sionisimo en el libro *Jundestaat* de Theodor Herzl (1895).

Como resultado de la experiencia del Holocausto, las ideas de «transferencia» de población, basadas en el racismo extremo, eran lo suficientemente populares como para ser presentadas a nivel parlamentario y conformar una opción para muchos israelíes, a pesar de las dificultades reales de poner tales ideas en la práctica. Como los ferrocarriles no están tan desarrollados en Israel como en Europa, esta «solución al problema Palestino», acuñada por el general Rechavam Ze'evi (conocido como «Gandhi», un miembro del Parlamento israelí de derecha) «la solución de los camiones», proporciona el pilar de al menos un partido de la derecha israelí.

Antes de 1948, el sionismo no estaba en posición de aplicar esta política, pero la guerra permitió nuevas opciones que condujeron, una y otra vez, comenzando en 1967, a la ocupación militar de sus territorios vecinos. El sionismo ha justificado este comportamiento recordando los horrores del Holocausto y, en general, esto ha sido suficiente para silenciar a la oposición de sus políticas y actos agresivos. Sin embargo, hay una forma sustancial en la que esos actos de agresión están ciertamente relacionados con el Holocausto a través de una dinámica psicosocial compleja: la de la identificación de la víctima con el verdugo.

Esta dinámica puede haber sido parcialmente responsable de la naturaleza de las acciones israelíes contra los «nativos» y las elecciones adoptadas. Tanto en los territorios ocupados a la orilla occidental del Sur del Líbano, que Israel ha ocupado desde 1982, tanto el pensamiento como las acciones están influenciadas por una metodología de ocupación nazi. Todos los actos de resistencia de la población, bien a través de acciones directas no violentas bien a través de actos de guerrilla, son considerados como un ataque total a las autoridades de la ocupación y justifica el castigo comunal a escala masiva, haciendo que el bíblico «ojo por ojo» parezca extremadamente humano. En julio de 1993, Israel reaccionó a la muerte de siete soldados en la zona ocupada del Sur del Líbano, «zona de seguridad», a manos de las guerrillas locales musulmanas, con el mayor ataque sobre civiles. Alrededor de medio millón de libaneses tuvieron que abandonar sus hogares, huyendo hacia el Norte, expulsados por el ejército israelí. Estos civiles eran indudablemente no combatientes, pero forman la palanca de presión en un movimiento pensado para hacer que el país fuera «inhabitable», de acuerdo con el líder «izquierdista» Itzhak Rabin, el hombre que inventó la solución de los «huesos rotos» para la **Intifada** palestina.

Parece, por lo tanto, que la psique sociopolítica israelí está traumatizada por la experiencia del Holocausto, de formas que ni admite ni comprende totalmente, pero que hace que llegar a un acuerdo sobre una base igualitaria con sus vecinos (la población original de Oriente Medio) sea un proceso, si no imposible, problemático. La brutalidad del Holocausto, sus relaciones de poder muy marcadas, parecen haber estampado un patrón de comportamiento sobre la sociedad israelí, que hace que tratar con sus enemigos sea difícil. Al igual que los palestinos están cautivos en su propio país, víctimas de las políticas israelíes, también los israelíes están cautivos de sus propias ideas erróneas que, a su vez, determinan un círculo vicioso de atrocidades en espiral.

Bibliografía

Visión general:

Arendt, Hannah: *Los orígenes del totalitarismo*, Alianza, Madrid, 2006. Un estudio analítico de los sistemas de gobierno totalitaristas modernos.
Dawidowicz, Lucy: *The War Against the Jews 1933-1945*, Penguin Books, Londres, 1990; Bantam Books, Nueva York, 1986. Libro de consulta fundamental.
— *A Holocaust Reader*, Bantam Books, Nueva York, 1976.
Gilbert, Martin: *The Holocaust*, Fontana, Londres, 1987; Henry Holt, Nueva York, 1985.
— *The Macmillan Atlas of the Holocaust*, Macmillan, Nueva York, 1982.
Hilberg, Raul: *La destrucción de los judíos europeos*, Akal, Madrid, 2020. (*The Destruction of the European Jews*; Leicester University Press, Londres, 1986).
Kenrick, Donald & Gratton, Paxton: *The Destiny of Europe's Gypsies*, Basic Books, Nueva York, 1972. El mejor libro de consulta sobre el tema.
Mendelsohn, John (ed.): *The Holocaust;* Garland, Nueva York, 1982. 18 volúmenes de documentación, usados en los juicios de Núremberg.
Poliakov, Leon: *Historia del antisemitismo*, Siglo XXI, Madrid, 1968. (*The History of Anti-Semitism*, 3 vols.; Oxford University Press, Londres, 1985).

Estudios detallados:

Vago, Bela & Mosse, George (eds.): *Jews and Non-Jews in Eastern Europe, 1918-1945*, Wiley, Nueva York, 1974.
Bauman, Zigmunt: *Modernidad y Holocausto*, Seqitur, Madrid, 2010. (*Modernity and the Holocaust;* Polity Press, Cambridge, 1968).
Beit-Zvi, S. B.: *Post-Ugandian Zionism in the Crucible of the Holocaust* (Hebreo); Bronfman, Tel Aviv, 1977. Libro de consulta crucial sobre la reacción sionista al nazismo y el Holocausto.
Braham, Randolph: *The Politics of Genocide*, 2 vols., Cup, Nueva York, 1981.
Cohen, Elie: *Human Behaviour in the Concentracion Camps,* Free Association Books, Londres, 1988; Norton, Nueva York, 1953. Un estudio psicoanalítico del comportamiento y los efectos del campo.
Dobroazycki, Lucjan (ed.): *The Chronicle of the Lodz Guetto 1941-1944,* Yale University Press, New Haven, 1984. Importante libro de consulta.
Ehrenburg, Ilya & Grossman, Vasily (eds.): *El libro negro*, Galaxia Gutenberg, Barcelona, 2011. (*The Black Book*, Holocaust Library, Nueva York, 1981). Libro de consulta sobre la destrucción dentro de la Unión Soviética.
Feig, Konnilyn: *Hitler's Death Camps*; Holmes & Meyer, Nueva York, 1961. Libro de consulta crucial sobre varios campos de exterminio.
Friedman, Philip: *Martyrs and Fighters*, Frederick Praeger, Nueva York, 1954.
Gilbert, Martin: *Auschwitz and the Allies*; Mandarin, Londres, 1991; Holt, Reinhart and Wilson, Nueva York, 1981. Análisis de la información disponible para los Aliados, y su fracaso a la hora de bombardear Auschwitz durante 1944.
Gutman, Ysrael: *The Jews of Warsaw 1939-1945,* Indiana University Press, Bloomington, 1982.
Hilberg, Paul: *Perpetrators Victims Bystanders*, Limetree, Londres, 1993; Harper Collins, Nueva York, 1992. Un estudio analítico del complejo sistema que permitió el Holocausto.

— *El gueto de Varsovia, diario 1939-1944,* Sefarad, Madrid, 2011. *(The Warsaw Diary of Adam Czerniakow*; Stein & Day, Nueva York, 1979). El diario del líder del *Judenrat* de Varsovia, que cometió suicidio la víspera de la deportación.

Hitler, Adolf: *Mi lucha,* Real del Catorce editores, Madrid, 2016.

Hoss, Rudolph: *Commandant in Auschwitz,* Word Publishing Co., Cleveland, 1959.

Levai, Eugene: *Black Book on the Martyrdom of Hungarian Jewry,* Central European Times Publishing Co., Zurich y Viena, 1948. Libro de consulta importante sobre este tema.

Morse, Arthur: *While Six Millions Died,* Random House, Nueva York ,1967. Un análisis crítico del papel desempeñado por los EEUU durante los años de destrucción.

Muller, Filip: *Tres años en las cámaras de gas,* Confluencias, Almería, 2016. *(Eyewitness Auschwitz*; Stein and Day, Nueva York, 1979). Vívido relato de un superviviente.

Poliakov, Leon & Sabille, Jacques: *Jews Under the Italian Occupation,* Paris, 1955.

Presser, Jacob: *The Destruction of the Dutch Jews,* Dutton, Nueva York, 1969.

Ringelblum, Emmanuel: *Notes on the Warsaw Guetto,* McGraw-Hill, Nueva York, 1959. Las notas del historiador del gueto de Varsovia que murió en 1944.

Trunk, Isiah: *Judenrat;* Macmillan, Nueva York, 1972. Una obra fundamental, que describe y analiza la actividad y las limitaciones de los consejos judíos nombrados por los nazis.

Wasserstein, Bernard: *Britain and the Jews of Europe, 1935-194,;* Oxford University Press, Londres, 1979. Un estudio crítico sobre el papel desempeñado por Gran Bretaña.

Wyman, David: *Paper Walls,* University of Mass Press, Amherst, 1968. Una crítica a los EEUU que encarnan el fracaso a actuar durante la guerra.

Haim Bresheeth
Cineasta independiente, profesor de estudios sobre los medios de comunicación y escritor sobre cuestiones de Oriente Medio. Hijo de supervivientes del Holocausto. Socialista israelí afincado en Londres.
Gracias a mis padres.

Stuart Hood
Escritor, novelista, traductor, cineasta de documentales y ex-ejecutivo de la *BBC,* ex-profesor de cine en el Royal College of Art, miembro honorario del ANPI (Asociación Nacional de Partisanos Italianos).
Autor de *Fascism for Beginners* (*Fascismo para principiantes*).

Litza Jansz
Ilustradora, diseñadora, animadora, cineasta independiente que produce y dirige películas para *C4* y la *BBC*. Profesora de estudios sobre los medios de comunicación y animación.
Ilustradora de *Fascism for Beginners* (*Fascismo para principiantes*).

Muchas gracias a Norma, por su paciencia, apoyo, pericia y consejo a lo largo del proyecto.
Gracias a Natty, por el consejo y por darme asilo.
Con agradecimiento a la Biblioteca de Viena y al Museo Imperial de la Guerra.

Composición tipográfica de Norma Spence.